高等职业院校创新创业教育研究

徐 莹◎著

线装書局

图书在版编目（CIP）数据

高等职业院校创新创业教育研究 / 徐莹著. -- 北京：
线装书局，2023.8
　　ISBN 978-7-5120-5635-0

　　Ⅰ．①高… Ⅱ．①徐… Ⅲ．①高等职业教育－创造教
育－研究 Ⅳ．①G717.38

中国国家版本馆CIP数据核字(2023)第162971号

高等职业院校创新创业教育研究
GAODENG ZHIYE YUANXIAO CHUANGXIN CHUANGYE YANJIU

作　　者：徐　莹
责任编辑：白　晨
出版发行：线装书局
　　　　　地　址：北京市丰台区方庄日月天地大厦 B 座 17 层（100078）
　　　　　电　话：010-58077126（发行部）010-58076938（总编室）
　　　　　网　址：www.zgxzsj.com
经　　销：新华书店
印　　制：三河市腾飞印务有限公司
开　　本：787mm×1092mm　　　1/16
印　　张：11
字　　数：255 千字
印　　次：2024 年 7 月第 1 版第 1 次印刷

线装书局官方微信

定　　价：68.00 元

前　言

创新创业，是国家发展之根，是民族振兴之魂。

大学生是最具创新、创业潜力的群体之一。在高校开展创新创业教育，积极鼓励高校学生自主创业，是教育系统深入学习实践科学发展观，服务于创新型国家建设的重大战略举措；是深化高等教育教学改革，培养学生创新精神和实践能力的重要途径；是落实以创业带动就业，促进高校毕业生充分就业的重要措施。党中央、国务院高度重视高校创新创业教育工作。

面对国内外风起云涌的创新创业大潮，我们发现一些大学生不同程度地存在着艰苦奋斗精神淡化、团结协作观念较差等问题，特别是产生了一夜成名、急功近利的想法。在创新创业的过程中或者是准备创新创业时，有的大学生过分看重"关系"、金钱和眼前利益，缺少当代大学生应有的共同理想和担当精神。与此同时，教育方法不当、教育环境有待优化也是大学生创新创业教育应该正视的问题。造成当前大学生创新创业教育中存在这些问题的原因是多方面的，既有历史的原因，也有现实的原因；既有政府宏观层面上的原因，也有大学生个人微观层面上的原因。鉴于此，分析原因、对症下药，加强对大学生创新创业教育也就成为高校的当务之急。

在高校开展创新创业教育，培养大学生的创新创业素质，鼓励大学生主动创新创业，是紧跟国际大学生创新创业教育潮流的必然要求，是促进高等教育教学改革，培养学生创新创业精神和实践能力的重要措施，是落实以创新创业带动就业，推进高校毕业生充分就业政策的重要途径。近年来，党和国家越来越重视大学生创新创业，大学生对创新创业教育的愿望和要求也越来越迫切。这些都为我们开展创新创业教育提供了良好的思想理论基础和得天独厚的优势。然而，春的后面不是秋，大学生创新创业是一个需要我们持续关注和继续实践的课题。如何让大学生的创新创业之路走得更远、更顺、更踏实，如何使大学生创新创业教育开花结果，还需要各方面的不断探索和共同努力，因为创新创业教育只有起点，没有终点！

目 录

第一章　创新创业教育的历史进程

"创新"本是一个外来词，其含义是：引入新东西、新概念和制造新变化。其中新的含义包含时间意义上的新、地理意义上的新和知识产权意义上的新。知识产权意义上的新，一般是指先于他人的重大突破或显著性变化。

在20世纪以前，"创新"是一个普通词.到1912年，美籍奥地利经济学家约瑟夫·熊彼特把"创新"概念引入经济学，他在《经济发展理论》这本书中首先提出了创新理论，他提出的定义是：企业家对生产要素的组合，包括开发一种新产品，采用一种新方法，开辟一个新市场，获得或者控制原料或半成品的一种新来源，以及实行一种新的组织形式。他当时提出的这五个"新"都属于创新。于是"创新"便成为经济学的专业词了。

从1912年至今快一百年了，"创新"的概念也在不断发展，如今"创新"已经是一个涵盖十分广泛的概念，主要是指提出新理论、发明新技术、开辟新市场、组成新文化、创造新艺术等。

学术界对"创新"至今尚未有一个统一的定义，但普遍认为它属于经济学的概念，在此我们选择一个适用于更广泛意义上的"创新"概念，即"创新"是指优先于他人，为人类社会文明和进步获得新发展、新突破，创造出有价值的、前所未有的物质产品和精神产品的活动。创造过程是创造劳动的过程.没有创造性谈不上创新。

第一节　创新与创业

一、创新

（1）创新的主体。企业或个人。

（2）创新的内容。理论与观念创新、环境与文化的创新、技术与艺术创新等。

（3）创新的主要表现。原创性的发明和发现，知识的创造性集成，新知识的传播和转化，体制和机制的创新，经济、管理与文化的创新等一切创新活动。

（4）创新的分类。为了加深对创新的理解，有必要对创新进行分类。创新分类的参考指标很多，不同分类指标得出不同的分类。

根据创新的表现形式进行分类：如知识创新、技术创新、服务创新、制度创新、组织创新、管理创新等。

根据创新的领域进行分类：如教育创新、金融创新、工业创新、农业创新、国防创新、社会创新、文化创新等。

根据创新的行为主体进行分类：如政府创新、企业创新、团体创新、大学创新、科研机构创新、个人创新等。

根据创新的方式进行分类：如独立创新、合作创新等。

根据创新的意义大小进行分类：如渐进性创新、突破性创新、革命性创新等。

根据创新的效果进行分类：有价值的创新，如电脑发明等；无价值的创新，如没有市场需求的新产品等；负效应创新，如污染环境的新产品等。

根据创新的层次进行分类：首创型创新、改进型创新、应用型创新。

（5）创新的意义。对一个国家来说，创新是一个民族进步的灵魂，是一个国家兴旺发达的动力，随着竞争的加剧，能否创新已成为一个国家发展与发达的关键。创新是带有氧气的新鲜血液，是一个国家的生命。不创新，就灭亡——亨利·福特（福特创始人）。

对个人而言，创新是一个人在工作乃至事业上永葆生机和活力的源泉。具体而言，创新将决定一个人的发展前途、事业高低、勇气谋略等。

（6）创新的主要特点。一是新颖性。新颖性包括三个层次：世界新颖性或绝对新颖性、局部新颖性、主观新颖性，即只是对创造者个人来说是前所未有的。二是具有价值。这个特点与新颖性密切相关，世界新颖性的价值层次最高，局部新颖性次之，主观新颖性更次之。大卫·史密斯发明了"邮包炸弹"梅利莎病毒，到案发时已使100万台电脑瘫痪，造成8000万美元的经济损失。这不是创造价值，而是价值大破坏。

二、创业

（1）创业的内涵。创业是创业者对自己拥有的资源或通过努力能够拥有的资源进行优化整合，从而创造出更大经济或社会价值的过程。创业是一种劳动方式，是一种需要创业者运营、组织、运用服务、技术、器物作业的思考、推理和判断的行为。根据杰夫里·提蒙斯（Jeffry A.timmins）所著的创业教育领域的经典教科书《创业创造》（New Venture Creation）的定义：创业是一种思考、推理结合运气的行为方式，它为运气带来的机会所驱动，需要在方法上全盘考虑并拥有和谐的领导能力。创业作为一个商业领域，致力于理解创造新事物（新产品、新市场、新生产过程或原材料、组织现有技术的新方法）的机会，如何出现并被特定个体发现或创造，这些人如何运用各种方法去利用和开发它们，然后产生各种结果。创业是一个人发现了一个商机并加以实际行动，转化为具体的社会形态，获得利益，实现价值。

科尔（Cole）（1965年）提出，把创业定义为：发起、维持和发展以利润为导向的企业的有目的性的行为。

从广义的角度来说，所谓创业，一般是指一个人运用自己掌握的知识、技能、资源和发现的信息、机会等，克服思维定式，以创造的思维和艰苦的努力，开辟新的工作途径，开创新的工作局面，争创新的工作业绩，促进事业获得突破性的成就，从而实现自己某种追求或目标的过程。广义的创业包括岗位创业。岗位创业是指在现有岗位上顺应时代发展和岗位目标的要求，全面提高自身能力和素质，创造性地发挥自己的聪明才智，通过勤奋努力地工作，在事业上取得开创性的新发展，从而为岗位提供者创造尽可能多的价值。

狭义的创业一般仅指自主创业，自主创业是指创业者个人或创业团队以资源所有者的身份、利用知识、能力和社会资本，通过自筹资金、技术入股、寻求合作等方式创立新的社会经济单元，并为社会上更多的人创造就业机会。自主创业的主体是投资者和资产所有者。自主创业需要创业者拥有关键的资源或者具有整合资源的能力，因此，比岗位创业更为复杂艰难。

（2）"创业"的概念在中国的发展。古：开拓疆土、创建功业；今：创新企业的一种新兴经济活动。

（3）"创业"的概念在国外的发展。18世纪，理查德·康蒂隆："创业隐含了承担以确定价格买进而以不确定价格卖出的风险o"1934年，约瑟夫·熊彼特："创业的本质是创新'创业的过程就是创新的过程1999年，"全球创业检测"项目："依靠个人、团队，或一个现有企业，来建立一个新企业的过程，如自我创业、一个新的业务组织或一个现有企业的扩张。

创业是以个人或团队的形式，运用一切外界资源和力量，开创性地去寻求机遇，创立实业或企业并谋求发展的一种经济活动。创业活动的要素包括创业者、资源、市场机会和组织。

（4）创业的意义。对社会而言，创业可以促进国家经济发展与科技创新，创造巨大的经济效益和物质财富，同时还增加了社会就业率，丰富了就业渠道，尤其对于缓解我国目前存在的就业压力更是具有重要的作用和深远的意义。并且，人们的创业实践活动还具有推动我国创新教育发展和加快培养创新型人才的功能，以满足和适应人们创业需要为宗旨的教育实践。对个人而言，创业过程中会遇到各种各样的困难与风险，在解决这些问题的同时增强了自身的综合能力，使自己不断地成熟。

（5）创业的本质。创业首先是一种创新，包括理念的创新、技术上的创新和组织上的创新。同时，创业活动又是一种具有高度创造性的社会实践活动。即创业创造了新的企业、新的技术和产品、新的市场、新的价值和经济效益、新的就业岗位等。总之，创业是富有创新精神的创业者与机遇相结合并创造社会经济价值的活动。创业，实质上就是一种劳动方式，是一种对自己、对企业、对国家创造价值与贡献的行为。因此，从这个角度说，人生就是创业。

三、创新与创业的关系

创新创业是基于创新基础上的创业活动.既不同于单纯的创新，也不同于单纯的创业。创新强调的是开拓性与原创性，而创业强调的是通过实际行动获取利益的行为。因此，在创新创业这一概念中，创新是创业的基础和前提，创业是创新的体现和延伸。创新创业与传统创业的根本区别在于创业活动中是否有创新因素。这里的创新不仅指的是技术方面的创新.还包含管理创新、知识创新、流程创新、营销创新等方面。总之，只要能够给资源带来新价值的活动就是创新。在某一方面或者某几个方面进行创新并进而创业的活动，就是创新创业；没有在任何方面进行创新的创业就属于传统创业。

（1）创新创业与传统创业的差别。首先，相比传统创业，创新创业的风险性更高。创新创业是建立在创新基础上的创业，但是创新受到人们现有认知、行为习惯等方面的影响，阻碍对创新的接受，使得创新创业会面临比传统创业更高的风险。正如彼得·德鲁克所言：真正重大的创新，每成功一个，就有99个失败，有99个闻所未闻。其次，相比传统创业，创新创业的回报更高。创新创业是通过对已有技术、产品和服务的更优化组合，对现有资源的更优化配置，能够给客户带来更大、更多的新价值，从而开创所在创业领域的"蓝海"，获取更多的竞争优势，也获取更大的回报。最后，创新创业是相互促进、螺旋式上升的过程。创新创业是在创新基础上的创业活动，创新是创业的基础和前提，同时创业又是创新成果的载体和呈现，并在创业活动过程中，不断优化资源配置、总结提炼，以实现创新的更新与升级。创新带动创业，创业促进创新。

（2）创新是创业的基础。虽然创业与创新是两个不同的概念，但是两个范畴之间却存在着本质上的契合、内涵上的相互包容和实践过程中的互动发展。创新是生产要素和生产条件的一种从未有过的新组合，这种新组合能够使原来的成本曲线不断更新，由此会产生超额利润或潜在的超额利润。创新活动的这些本质内涵，体现着它与创业活动性质上的一致性和关联性。创新是创业的基础，而创业推动着创新。

（3）创新是创业的本质与源泉。经济学家熊波特提出，"创业包括创新和未曾尝试过的技术"。创业者只有在创业的过程中具有持续不断的创新思维和创新意识，才可能产生新的富有创意的想法和方案，才可能不断寻求新的模式、新的思路，最终获得创业的成功。

（4）创业是创新的重要价值体现。从一定程度上讲，创新的价值就在于将潜在的知识、技术和市场机会转变为现实生产力，实现社会财富的增长，造福于人类社会。而实现这种转化的根本途径就是创业。创业者可能不是创新者或是发明家，但必须具有能发现潜在的商机和敢于冒险的精神；创新者也并不一定是创业者或是企业家，但是创新的成果则是经由创业者推向市场，使潜在的价值市场化，创新成果也才能转化为现实生产力。这也侧面体现了创新与创业的相互关联。

（5）创业推动并深化创新。创业可以推动新发明、新产品或是新服务的不断涌现，创造出新的市场需求，从而进一步推动和深化各方面的创新，因而也就提高了企业或是整个国家的创新能力，推动经济的增长。

从总体上说，科学技术、思想观念的创新，在促进人们物质生产和生活方式的变革，引发新的生产、生活方式，进而为整个社会不断地提供新的消费需求，这是创业活动之所以源源不断的根本动因；另一方面，创业在本质上是人们的一种创新性实践活动。无论是何种性质、类型的创业活动，它们都有一个共同的特征，那就是创业是主体的一种能动的、开创性的实践活动，是一种高度的自主行为，在创业实践的过程中，主体的主观能动性将会得到充分的发挥和张扬，正是这种主体能动性充分体现了创业的创新性特征。

第二节 创新创业者

"创业者"一词由法国经济学家康蒂永（Cantillon）于1755年首次引入经济学。1800年，法国经济学家萨伊（Say）首次给出了创业者的定义，他将"创业者"描述为将经济资源从生产率较低的区域转移到生产率较高区域的人，并认为创业者是经济活动过程中的代理人。著名经济学家熊彼特（1934年）则认为创业者应为创新者；这样，"创业者"概念中又加了一条，即具有发现和引入新的更好地能赚钱的产品、服务和过程的能力。

一、创业者

创业者（entrepreneur）是一种主导劳动方式的领导人，是一种无中生有的创业现象，是一种需要具有使命、荣誉、责任能力的人，是一种组织、运用服务、技术、器物作业的人。是一种具有思考、推理、判断的人，是一种能使人追随并在追随的过程中获得利益的人，是一种具有完全权利能力和行为能力的人。这是香港创业学院院长张世平的最新定义。香港创业学院是世界一流的非营利性的大学后创业教育机构，是创业领袖的摇篮，是创业技术的平台，是创业商品的舞台，是创业者的使命、荣誉、责任及其商品、企业、现金流的样板。

在欧美学术界和企业界，创业者被定义为组织、管理一个生意或企业并承担其风险的人。创业者的英文是 entrepreneur。entrepreneur 有两个基本含义：一是指企业家，即在现有企业中负责经营和决策的领导人；二是指创始人，通常理解为即将创办新企业或者是刚刚创办新企业的领导人。

二、创业经历的阶段

第一阶段——生存阶段。此阶段以产品和技术来占领市场，只要有想法（点子）会搞关系（销售）就可以。

第二阶段-公司化阶段。此阶段通过规范管理来增加企业效益，这是需要创业者的思维从想法提升到思考的高度，而原先的搞关系就转变成一个个渠道的建设，公司的销售是依靠渠道来完成，团队也初步形成。

第三阶段——集团化阶段。此时依靠的是硬实力（产业化的核心竞争力），整个集团和子公司形成了系统平台，依靠的是一个个团队通过系统平台来完成管理（人治变成了公司治理），销售变成了营销，区域性渠道转变成一个个地区性的网络，从而形成了系统，思维从平面到三维。这时你就可以退休了，创业者就有了现金流系统（赚钱机器），它是24小时为你工作的，这就是许多创业者梦想达到的理想状态。

第四阶段一是创业者的最高境界，集团总部阶段。此时是一种无国界的经营，也就是俗称的跨国公司。集团总部的系统平台和各子集团的运营系统形成的是一种体系。集团总部依靠的是一种可跨越行业边界的无边界核心竞争力（软实力），子集团形成的是行业核心竞争力（硬实力），这样将使集团的各行各业取得它们在单兵作战的情况下所无法取得的业绩水平和速度。思维已从三维到多维，这才是企业发展所能追求和达到的最高境界。

三、创业者的素质

创业是极具挑战性的社会活动，是对创业者自身智慧、能力、气魄、胆识的全方位考验。一个人要想获得创业的成功，必须具备基本的创业素质。创业者的基本素质包括创业意识、创业心理品质、创业精神、竞争意识、创业能力。

（1）强烈的创业意识。要想取得创业的成功，创业者必须具备自我实现、追求成功的强烈的创业意识。强烈的创业意识，帮助创业者克服创业道路上的各种艰难险阻，将创业目标作为自己的人生奋斗目标。创业的成功是思想上长期准备的结果，事业的成功总是属于有思想准备的人，也属于有创业意识的人。

（2）良好的创业心理品质。创业之路，是充满艰险与曲折的，自主创业就等于是一个人去面对变化莫测的激烈竞争以及随时出现的需要迅速正确解决的问题和矛盾，这需要创业者具有非常强的心理调控能力，能够持续保持一种积极、沉稳的心态，即有良好的创业心理品质。它是对创业者的创业实践过程中的心理和行为起调节作用的个性心理特征，它与人固有的气质、性格有密切的关系，主要体现在人的独立性、敢为性、坚韧性、克制性、适应性、合作性等方面，它反映了创业者的意志和情感。创业的成功在很大程度上取决于创业者的创业心理品质。正因为创业之路不会一帆风顺，所以，如果不具备良好的心理素质、坚忍的意志，一遇挫折就垂头丧气、一蹶不振，那么，在创业的道路上是走不远的。宋代大文豪苏轼说："古之成大事者，不唯有超世之才，亦必有坚韧不拔之志"。只有具有处变不惊的良好心理素质和愈挫愈强的顽强意志，才能在创业的道路上自强不息、竞争进取、顽强拼搏，才能从小到大、从无到有，闯出属于自己的一番事业。

（3）自信、自强、自主、自立创业精神。自信就是对自己充满信心。自信心能赋予人主动积极的人生态度和进取精神。不依赖、不等待。要成为一名成功的创业者，必须坚持信仰如一，拥有使命感和责任感；信念坚定，顽强拼搏，直到成功。信念是生命的力量，是创立事业之本，信念是创业的原动力。要相信自己有能力、有条件去开创自己未来的事业，相信自己能够主宰自己的命运，成为创业的成功者。自强就是在自信的基础上，不贪图眼前的利益，不依恋平淡的生活，敢于实践，不断增长自己各方面的能力与才干，勇于使自己成为生活与事业的强者。自主就是具有独立的人格.具有独立性思维能力，不受传统和世俗偏见的束缚，不受舆论和环境的影响，能自己选择自己的道路，善于设计和规划自己的未来，并采取相应的行动。自主还要有远见、有敢为人先的胆略和实事求是的科学态度，能把握住自己的航向，直至达到成功的彼岸。自立就是凭自己的头脑和双手，凭借自己的智慧和才能，凭借自己的努力和奋斗，建立起自己生活和事业的基础。21世纪的青年人应该早立、快立志向，自谋职业，勤劳致富，建立起自己的事业。

（4）竞争意识。竞争是市场经济最重要的特征之一，是企业赖以生存和发展的基础、也是立足社会不可缺乏的一种精神。人生即竞争，竞争本身就是提高.竞争的目的只有一个取胜。随着我国社会主义市场经济从低级向高级发展，竞争愈来愈激烈。从小规模的分散竞争，发展到大集团集中竞争，从国内竞争发展到国际竞争，从单纯产品竞争发展到综合实力的竞争。因此，创业者如果缺乏竞争意识，实际上就等于放弃了自己的生存权利。创业者只有敢于竞争、善于竞争，才能取得成功。创业者创业之初面临的是一个充满压力的市场.如果创业者缺乏竞争的心理准备，甚至害怕竞争，就只能是一事无成。

（5）全面的创业能力素质。创业能力是一种特殊的能力，这种特殊能力往往影响创业活动的效率和创业的成功。创业能力包括决策能力、经营管理能力、专业技术能力与交往协调能力。

一是决策能力，决策能力是创业者根据主客观条件，因地制宜，正确地确定创业的发展方向、目标、战略以及具体选择实施方案的能力。决策是一个人综合能力的表现.一个创业者首先要成为一个决策者。创业者的决策能力通常包括分析、判断能力和创新能力。大学生要创业，首先要从众多的创业目标以及方向中进行分析比较.选择最适合发挥自己特长与优势的创业方向和途径、方法。在创业的过程中，能从错综复杂的现象中发现事物的本质，找出存在的真正问题，分析原因.从而正确处理问题，这就要求创业者具有良好的分析能力。所谓判断能力，就是能从客观事物的发展变化中找出因果关系，并善于从中把握事物的发展方向。分析是判断的前提，判断是分析的目的.良好的决策能力是良好的分析能力加果断的判断能力。创业实际上就是一个充满创新的事业，所以创业者必须具备创新能力，有创新思维，无思维定式，不墨守成规，能根据客观情况的变化，及时提出新目标、新方案.不断开拓新局面，创出新路子，可以说，不断创新是创业者不断前进的关键环节。

二是经营管理能力，经营管理能力是指对人员、资金的管理能力。它涉及人员的选择、使用、组合和优化，也涉及资金聚集、核算、分配、使用、流动。经营管理能力是一种较高层次的综合能力，是运筹性能力。经营管理能力的形成要从学会经营、学会管理、学会用人、学会理财几个方面去努力。

学会经营：创业者一旦确定了创业目标，就要组织实施，为了在激烈的市场竞争中取得优势，必须学会经营。

学会管理：要学会质量管理，要始终坚持质量第一的原则。质量不仅是生产物质产品的生命，也是从事服务业和其他工作的生命，创业者必须严格树立牢固的质量观。要学会效益管理，要始终坚持效益最佳原则.效益最佳是创业的终极目标。可以说，无效益的管理是失败的管理，无效益的创业是失败的创业。做到效益最佳，要求在创业活动中人、物、资金、场地、时间的使用都要选择最佳方案运作，做到不闲人员和资金、不空设备和场地、不浪费原料和材料，使创业活动有条不紊地运转。学会管理还要敢于负责，创业者要对本企业、员工、消费者、顾客以及对整个社会都抱有高度的责任感。

学会用人：市场经济的竞争是人才的竞争，谁拥有人才，谁就拥有市场、拥有顾客。一个学校没有品学兼优的教师.这个学校必然办不好；一个企业没有优秀的管理人才、技术人才，这个企业就不会有好的经济效益和社会效益；一个创业者不吸纳德才兼备、志同道合的人共创事业，创业就难以成功。因此，必须学会用人，要善于吸纳比自己强或有某种专长的人共同创业。

学会理财：首先要学会开源节流。开源就是培植财源，在创业过程中除了抓好主要项目创收外，还要注意广辟资金来源。节流就是节省不必要的开支，树立节约每一滴水、每一度电的思想。大凡百万富翁、亿万富翁，都是从几百元、几千元起家的，都经历了聚少成多、勤俭节约的历程。其次，要学会管理资金。一是要把握好资金的预决算，做到心中有数；二是要把握好资金的进出和周转，每笔资金的来源和支出都要记账，做到有账可查；三是把握好资金投入的论证.每投入一笔资金都要进行可行性论证，有利可图才投入，大利大投入、小利小投入，保证使用好每一笔资金。总之，创业者心中时刻装有一把算盘，每做一件事、每用一笔钱都要掂量一下是否有利于事业的发展，有没有效益，会不会使资金增值，这样，才能理好财。

要讲诚信：就创业者个人而言，诚信乃立身之本，"言而无信，不知其可也"。创业者在创业过程中，如不讲信誉，就无法开创出自己的事业；失去信誉，就会寸步难行。

一是要言出即从，二是要讲质量。三是要以诚信动人。四是专业技术能力。专业技术能力是创业者掌握和运用专业知识进行专业生产的能力。专业技术能力的形成具有很强的实践性，许多专业知识和专业技巧要在实践中摸索，逐步提高发展、完善。创业者要重视创业过程中积累的专业技术方面的经验和职业技能的训练，对于书本上介绍过的知识和经验在加深理解的基础上予以提高、拓宽；对于书本上没有介绍过的知识和经验要探索，在探索的过程中要详细记录、认真分析，进行总结、归纳，上升为理论，形成自己的经验特色，积累起来。只有这样，专业技术能力才会不断提高。五是交往协调能力。交往协调能力是指能够妥善地处理与公众（政府部门、新闻媒体、客户等）之间的关系，以及能够协调下属各部门成员之间关系的能力。创业者应该做到妥当的处理与外界的关系，尤其要争取政府部门、工商以及税务部门的支持与理解，同时要善于团结一切可以团结的人，团结一切可以团结的力量，求同存异，共同协调地发展，做到不失原则、灵活有度，善于巧妙地将原则性和灵活性结合起来。总之，创业者搞好内外团结，处理好人际关系，才能建立一个有利于自己创业的和谐环境，为成功创业打好基础。协调交往能力在书本上是学不到的，它实际上是一种社会实践能力，需要在实践活动中学习，不断积累总结经验。这种能力的形成，要敢于与不熟悉的人和事打交道，敢于冒险和接受挑战，敢于承担责任和压力，对自己的决定和想法要充满信心、充满希望。要养成观察与思考的习惯，社会上存在着许多复杂的人和事，在复杂的人和事面前要多观察、多思考、观察的过程实质上是调查的过程，是获取信息的过程，是掌握第一手材料的过程，观察得越仔细，掌握的信息就越准确。观察是为思考做准备，观察之后必须进行思考.做到三思而后行。要处理好各种关系。可以说，社会活动是靠各种关系来维持的，处理好关系要善于应酬。应酬是职业上的"道具"，是处事待人接物的表现。心理学家称：应酬的最高境界是在毫无强迫的气氛里，把诚意传达给别人，使别人受到感应，并产生共识，自愿接受自己的观点。搞好应酬要做到宽以待人、严于律己，尽量做到既了解对方的立场又让对方了解自己的立场。协调交往能力并不是天生的，也不会在学校里就形成了，而是走向社会后慢慢积累社会经验，逐步学习社会知识而形成的。

创新能力：创新是知识经济的主旋律.是企业化解外界风险和取得竞争优势的有效途径。创新能力是创业能力素质的重要组成部分，它包括两方面的含义：一是大脑活动的能力，即创造性思维、创造性想象、独立性思维和捕捉灵感的能力；二是创新实践的能力，即人在创新活动中完成创新任务的具体工作的能力。创新能力是一种综合能力，与人们的知识、技能、经验、心态等有着密切的关系，具有广博的知识、扎实的专业基础知识、熟练的专业技能、丰富的实践经验、良好心态的人容易形成创新能力，它取决于创新意识、智力、创造性思维和创造性想象等。

上述五个方面的基本素质中，每一项基本素质均有其独特的地位与功能.任何一个要素都会影响其他要素的形成和发展，影响其他要素的功能和作用的发挥，乃至影响创业的成功。因此，一个未来的创业者，不仅要注意在环境和教育的双重影响下培养自己的创业素质，而且要重视其整体结构的优化，在创业实践中不断提高自我的创业素质。

4.成功的创新创业者的核心素质

历史上曾经有许多杰出的创新创业家.他们的创新创业传奇广为世人传颂。创新创业机会无处不在、无时不有，只要我们具备创业者的基本素质和条件。正如斯坦福大学教授科尔告诉他的学生的："我们活在一个权力社会向知识社会、由等级社会向网络社会转变的时代，人无完人，一个人不一定要具备完全素质，但只要选取合适的方向，一样可以成功。"当然，找到自己的缺欠，并努力去弥补、提高，这也是创业者的素质要求。

（1）优秀的人品，每个成功的创新创业者必须具有优秀的人品。优秀的人品包括：一是诚信，即创业者要真诚守信，对合作者心胸坦荡.在各种行为中值得信赖，遵纪守法；二是公平，即创收奉行公平准则，创新创业过程中，要牢记良好人品的构成要素，用实际行为形成良好的人品形象。

（2）强烈的成就欲和坚忍的意志，创新创业者要能为既定目标而艰苦奋斗。创新创业者必须考虑以下问题：你遇到过特殊挑战吗？你面临过棘手问题吗？在遭遇挫折时，你选择放弃还是选择达到目标？创业者应该做好各类心理准备，并注意培养自己坚忍的意志。

（3）精力充沛，精力充沛包括多方面含义：一方面是健康的体魄，另一方面是拼搏的精神，从而保证你能够为实现既定目标努力不懈，应付艰苦工作。毕竟，作为一个创新创业者和企业家·往往要在事业上花费大量的时间和精力，成功的背后少不了辛勤的汗水。

（4）一定的天资，关于天资，一般认为是人之天性，是先天性的，比如，有的人善于逻辑推理。有的人善于认识复杂的局面，通过综合分析，认识事物的本质-能否在充分分析的基础上做出正确的判断，进而进行最优决策，这是考核天资的基本标准。

（5）合理的知识结构。知识结构也表现在多方面。接受良好的高等教育能够使你具有基本知识，还要注意在实践中根据需要及时补充自己在知识结构上的缺欠。同时，创业中的经验也是很重要的。还有你从以往的失败中吸取了哪些教训；在你从事的行业中积累了哪些经验；在你头脑中积累了哪些为保证你事业成功而必不可少的信息；你是否已分析了你的行业，并已确认你公司成功的关键因素；你能否接受批评并从中获益等。

（6）角色。成功的创新创业团队，一般都会包括各种知识背景的人，而角色就是对有不同知识背景或能力的个人应如何行动的不同期望。对于角色类型，在此要强调的是，对刚刚起步的创业团队来说，不一定要进行如此精密的角色分工，但最基本的分工是必须明确的.那就是任务和团队维护。任务方面的角色由具备相关工作技能的人来担当，这些人有更多的决策责任，提供指导和建议，推动团队走向成功。例如，一个创新创业团队中掌握核心技术的人员和有市场营销能力的人员。团队维护方面的角色负责维护团队的协调性，他们提高士气，给予支持，提供幽默感。

第二章 高职院校创新创业教育的现状

第一节 大学生创新创业与创新创业教育

一、大学生创新创业的特点和意义

大学生自主创业是指一些有理想、有胆识的大学生，利用自己的知识、技术和才能，以自筹资金、技术入股、寻求合作等方式，为自己在社会上求生存、谋发展开辟一条新的途径，创立新的社会经济单元。他们不是现有岗位的竞争者、填充者，而是为自己、为社会更多的人创造就业机会，并直接为社会创造价值做出贡献的开拓者。

大学生自主创业，不仅要求大学生能结合专业特长，根据市场前景和社会需求创造出有竞争力的新技术、新产品和服务，而且还直接面向市场，面向社会，在为社会创造价值的同时，是自我价值得到不断的充分体现。目前，虽然成果地相自主创业道路的大学生还为数不多，但他代表了一个方向，引领了一个新的就业浪潮。

我国经济建设不断地发展，人们的生活水平不断地提高，价值观也在发生着深刻的变化，影响到高校大学生的价值取向，逐渐趋于功利、注重实际，而冷落了理想信念，丢掉了奉献精神。当代大学生作为新时代的接班人，应该具有积极、乐观向上的心态，在不同的人生价值支配下，成就自己的人生。任何时候我们都不能止步不前，更不可满足现状，得过且过.而应规划好自己的人生，不断提升自己的价值才能，提升自己的社会综合能力。勇气、能力、社交圈、思想和身心都应该时时向上走，时时更新，把握潮流和最新资讯，敢于突破自我，实现自己的人生价值，为社会、为国家的繁荣富强贡献自己的一分力量。

在高校外部经济环境和内部大学生价值观不断发生变化的大背景下，大学生创新创业教育日益引起广泛的关注，创新创业教育已成为时代潮流。我国高校的创新创业教育发展速度较快.但仍存在不少问题，在对创业和创新创业相关认知的基础上，在一定范围内对高校大学生创新创业教育进行有组织的实地调研和问卷调查是十分有意义的举措，其结果可以客观真实地反映当代大学生创新创业教育的不足之处，从而达到提出创新创业教育发展的路径和相关对策建议，为高校提供有价值的参考。

本次调查历经1年时间，选取了115所高校近6万名大学生进行随机调查和网络调查.重点放在新建应用型本科高校，获取了有效样本53000份。校团委拿出专项经费，组建了一百余支校级示范队伍，支持学生赴各省市开展调查活动，并为参加社会实践的大学生购买人身意外伤害保险。与此同时，团委还努力寻求社会各界的认可和支持，逐步建立起主题教育类、专业实习见习类、服务奉献类等多种形式创业创新教育调查。在此基础上，发动各个学院团组织与城市社区、农村乡镇、事业单位、厂矿企业等缔结长期共建实践基地的协议.力争让每个学院、每个专业都建立相对固定的实践阵地。在探索大学生社会实践的有效运行机制等方面做出了一些有益的尝试。

通过开展实际调研，查找到一些突出的问题是：

第一，学校组织的社会实践覆盖面较小.难以满足大学生的实际需要。经调查，33%的学生认为学校提供的实践机会较少.甚至18.3%认为机会很少；而58.5%的学生集中反映"活动时间太短，无法真正进入角色"；有关暑期"三下乡"活动的调查显示，曾经参与的仅为16.7%，表明高校社会实践的工作面相对较窄，组织规模尚不能满足需求。类似的数据在2015年暑期的学生社会实践中仍然得到了印证，经追踪调研，2012年加入暑期实践活动的总人数为32532人，2013年为23424人，2014年为29612人，这与调查高校数以百万计的大学生总数相比仍然不相协调。

第二，学生对创新创业实践的认识存在一定局限。调查数据显示，35.8%的同学抱着与专业学习无关痛痒的态度参与社会实践；此外，统计表明，22.7%的同学认为参与创新创业社会实践的目的是赚钱，7.5%的同学抱着功利性的态度，认为参与志愿服务是为了赚取未来竞争的重要资本。

第三，实践活动缺乏有效指导和管理。37%的受调查者认为社会实践的"选题空泛，可操作性不强"，而58.5%的同学集中反映"活动时间太短，无法真正进入角色"。学校对学生参与社会实践的程度不存在硬性约束，52.9%的同学赞成用学分的形式督促参加社会实践活动。

第四，与学生对实践的期待有较大差距。50%左右的大学生对社会实践活动开展状况的评价是"一般",即：有一定的收益但没有突出的效果。并且随着学历的升高，综合满意度呈下降趋势。说明社会实践的组织、内容、方式相对单一，不能满足学生多层次的需求，从而造成满意度下降。

2015年10月，课题组进行了专项调查，选取了3所安徽省应用型本科高校为调研对象。选取了参加校级暑期社会实践团队的282名学生，进行了抽样考察。通过调研问卷发现，较多的学生认为，瓶颈仍在管理层面，指导缺位和经费有限是影响参与实践的关键因素。

通过对其中的100名同学进行个别访谈，并致电实践地的负责同志，提炼归纳出以下观点：当前推动实践育人工作具备了有利条件，即存在两个现实需求，一方面是用人单位对毕业生的实践能力提出了迫切要求；另一方面，学生为了更好地就业，也逐渐认识到提升自身实践能力的必要性。值得关注的是，需求双方目前也都存在一个认识上的误区。学生的认识误区在于，学生愿意参与实习实践，却不愿意占用自己的假期；他们更愿意到政府部门、金融机构和大型企业去实习，却不愿意去小公司实习—哪怕这个小公司与他所学的专业相关。用人单位的认识误区在于，他们呼吁加强大学生实践教育不遗余力，希望学校的培养让应届大学生能迅速进入工作角色，但是，很少有用人单位愿意和学校一起来承担这个过程中的培养责任和培养成本。访谈也暴露出学校在实践育人领域存在的两块软肋：一是实践地负责人认为，实践教学课程体系设计还不够科学，例如，学生在参与社会实践之前，往往缺乏较为系统的法律、避险、调研等实用知识的培训，即没有先在第一课堂里学习什么是社会实践、怎么开展社会实践，就直接进入社会实践这个第二课堂，结果导致了许多低水平的工作和不可预知的安全隐患；二是参加实践的同学认为，专业课教师在实践育人工作中作用发挥较弱，一些专业课教师并不在乎实践育人产生的工作量。个别教师不重视甚至漠视实践育人工作，导致学生得到的专业指导明显缺乏。

同时，此次调查的另外一个重要切入点是大学生的价值取向和心理素质相结合的综合分析，通过对现象的分析研究，课题组初步发现了大学生价值取向的变化趋势，意识到进行大学生各方面素质教育研究刻不容缓。

二、当代大学生价值取向的调查结果使我们意识到大学生创新创业教育的紧迫性

（1）人生观、价值观主流趋势向健康向上、求实进取，爱国主义情感强烈。调查显示，有60.8%以上的学生能够关心时事新闻和身边同学，说明大部分学生对国内外事物，特别是我国的发展情况给予了很大的关注，充分体现了大学生所具有的以爱国主义为核心的民族价值观。随着我国大众化教育的不断深入，同学们已经能冷静地面对自身在社会中的定位，有65.32%的同学对个人发展机会感觉一

般，只有19.3%的同学感觉到满意，说明同学们已经把自己置身于普通社会一员。面对竞争、生存的残酷现实.同学们认为目前最需要的东西是自己锻炼能力的机会。由此可见，当代大学生并不是单纯地把当前学习的过程当作知识积累的过程。在科学技术高速发展的今天，能力的培养已经摆在首位。

（2）学生学习强度两极分化明显，缺乏学习责任感。从调查数据看，有34.5%的学生在业余时间里安排学习的时间不超过2个小时，或者说有相当一部分学生周末基本就不学习。当然我们也欣喜地看到有9.79%的学生在周末学习时间超过6个小时，这说明学生在学习上出现了"大二现象"。调查中发现有42.56%的人认为自我阻力的原因是"缺乏艰苦奋斗的精神和坚持的毅力"，认为问题出自学校与老师.感觉身边很多人的学习成绩总是上不去，其原因是对上课老师的教学方法不适应，但同时其中也有36.51%的学生认为原因是"无法安排自己的学习和生活"，其次是31.04%的学生选择"没有毅力"，也就是说有一大半以上的学生在从答题上反映的是学生自身的原因，没办法坚持或者说抵制不住外界的诱惑，无法实现自己的愿望。归根结底，学生缺少一个良好的学习责任感。

（3）部分学生参加校园文化活动少，沉迷于网络游戏。通过本次调查，可以看出学生的课余文化生活是比较丰富的，大家能够比较合理地安排课余时间。但调查中也发现，课余时间，有22.7%的同学选择上网玩游戏.而这些同学中有82%的同学上网玩游戏的目的是培养团队精神和挑战自我，说明大部分学生的上网活动是健康向上的，但少数学生迷恋网络游戏也是客观存在的。

（4）大学生情感体验存在误区。"您对大学里谈恋爱的看法"的调查结果显示，有35.1%的同学选择了"应该谈恋爱，没有谈恋爱的大学生涯是不完整的"。说明他们恋爱的动机往往并不是出于爱情的本身，而是为了弥补内心的空虚，寻找精神寄托。有14.02%的学生认为"不必刻意追求.遇到合意的就谈恋爱"。以上数据说明大部分学生都进入了谈恋爱的误区，他们看到别人都有男女朋友，觉得自己没面子才开始谈恋爱的，有一种从众心理。

（5）学生就业选择讲究实际，期望值脱离实际。在"您会选择去哪个地区就业发展，你当前的就业压力来自"的调查结果中，选择"毕业生太多.竞争大"的人数占到了四分之一。在回答"你的就业标准是"时，多是"对口专业""工资福利"，正是因为学生对企业的要求过高，从而相对的找一个理想的工作变得很困难。但是我们需要客观分析其产生的原因：现在大学毕业生的绝大多数是80年代左右出生的独生子女，这些家庭中的"独子"在比较优厚的环境中生活成长，通过小学、中学、高中、大学十几年的寒窗苦读，好不容易熬出了头.可是毕业就面临失业。其中还有相当部分的毕业生家庭经济情况并不太好，为了儿女上学，金钱上已经不是什么智力投资，而是沉重的负担包袱。而面对当前大学生就业困难的现实，不仅家庭、学生缺乏思想准备．政府和学校在如何帮助大学生克服就业困难方面也缺乏经验。

三、坚持多种形式的思想教育，积极探索新时期大学生人生价值观教育的有效途径

为促进大学生树立正确的人生观、价值观，我们对青少年要加大思想素质教育力度，坚持通过宣传教育，灌输正确的思想；要坚持对他们进行多种形式的正面教育，除了发挥"两课"教育作用外，还要对青少年学生进行共产主义思想教育、革命传统教育，进行社会公德、职业道德和家庭美德教育，进行中华民族优秀传统文化教育和中国近代史、现代史以及民主法制教育，通过这些教育促进青年学生树立正确的世界观、人生观和价值观。

（1）引导学生积极参与校园文化生活，远离网络游戏。为让大学生在网络时代健康成长，就要充分发挥网络的育人优势．学校要注意改变思维方式，不能总以固有的传统思维定式来消极地应对出现的新动向．要采取积极主动的态度，变堵为疏，积极参与，正确引导。老师要加强进行课程设计和组织网络教学的能力，引导学生正确地利用网络优势，提高自身的免疫力和抵抗力，培养健全的人格和高尚的情操，在丰富的网络社会中全面提高自己的素质。组织多姿多彩的校园文化活动以转移上网成瘾者的注意力，让他们在文化活动中锻炼自我、展示自我，从而远离网络游戏。

（2）引导学生正确处理恋爱、学业、事业三者之间的关系。恋爱是为了寻找志同道合、白头偕老的终身伴侣，而不是为了安慰解闷，寻找刺激，更不是单纯为了个性的满足。恋爱对象的选择是一个复杂的过程，不能忽视了经济、政治、文化、个性等因素，但是共同的理想志向、共同的品德和情操是最根本的。恋爱动机的好坏直接关系着恋爱的成功与否。

（3）引导大学生正确地消费．杜绝铺张浪费。大学期间．对于大学生是树立正确的价值观、消费观的关键时期，引导大学生进行正确的消费尤为重要。据本次调查，96%的大学生大学期间的费用完全靠家庭的支持，只有2%的靠兼职来支撑部分的生活费用，而仅仅只有1%的大学生完全可以在经济上独立。但是根据调查，78%的大学生除了必要的生活费用外，娱乐的消费均达到300元（包括300元）以上，这是一个很严重的问题。正确引导大学生消费，当下显得尤为重要。

四、现阶段大学生就业难，急需进行创新创业教育改革

我国从1989年国务院批准国家教委《高等学校毕业生分配制度改革方案》以来，截止到2015年12月已有26年之余，从我国2015年的毕业生就业情况来看，一些地方院校的就业情况不如往年。有关资料显示，有些较发达的省市截止到

2014年年底全省大专毕业生就业率只有34%.经济发达地区的就业情况尚且如此，欠发达地区更可想而知。但有些学校2015年的就业情况还是相当好的，如中北大学一次到位率达97.8%，安徽新华学院就业率达到98.4%，北大、清华这类大学的就业情况依然喜人。但相对于全国1032所高校来说，这只能代表一部分。由于2014—2015年国有企业改革力度加大，下岗待业人员人数增多，国家机关等事业单位精简机构、人员分流等，加之受全球金融危机对中国经济的影响，致使2016年大学生就业形势不容乐观。

近两年大学毕业生就业形势不乐观，并不能说明我国没有大学生的就业市场，也不能说明当今社会人才过剩。近阶段学生就业难的原因是多方面的：

（1）用人单位影响学生签约。现在大学生就业一般采取供需见面，双方选择的方式，这种方式明确了学生和用人单位各有一半的权利，这看似公平，实际存在许多问题。从2014-2015年学生的就业情况了解到，有的单位受不正之风影响，造成了单位宁可空岗位也不进人的局面。另外，有些单位受社会偏见的影响，一味盯着名牌大学，把普通学校毕业的学生拒之门外，造成年年等年年空的现象，从而形成了对单位生产和毕业生就业双不利的状况。

（2）大学生的心理误区降低了学生就业率。大学生在择业时暴露出的种种问题吗令人担忧，也影响了他们的就业率，其中表现出的心理问题主要有以下几种类型：

一是夜郎自大型。这类学生以学生会干部居多，由于长年在院里和系里担任学生干部，无形之中形成了一种优越感.对一般性工作看不起。但条件好的工作竞争激烈，落选的可能性也就相应增大了。

二是过分虚荣型。这类学生来自农村和小城镇居多。他们把择业视角盯在城市，这种择业观缩小了自己的就业范围，势必造成事与愿违。

三是犹豫徘徊型。这类学生就业时把时间花费在单位比较上，往往对用人单位抱着一种观望态度，迟迟不肯签约。这类学生应该对自己有一个准确的定位，同时对用人单位有较清晰的认识，找准未来的就业岗位，才能在就业时增加自信心，从而扩大自己的就业机会。

（3）高校部分专业设置不合理影响毕业生就业率。近几年来，高等教育改革取得了很大的成效，但由于长期受计划经济的影响.高等教育领域仍存在着许多的问题，高校专业设置不合理即为其一，主要表现在以下两方面：

一是专业设置陈旧，有些高校的某些专业，从设置之初至今没有什么变化，社会对此类专业的人才需求已经过剩，而高校仍然按照旧的专业招生，势必造成毕业生就业难。这种计划经济体制影响下形成的计划招生与市场需求之间的矛盾，是造成今日某些专业学生就业困难的主要根源。

二是专业变化不灵活，存在"一劳永逸"的幻想。高校以培养特殊产品——人才为己任，既然是产品就应有它的市场.毕业生只有在提高质量的基础上以新姿态、多形式得到社会的认同才能占领市场。这就要求对学生培养方向和专业的设置要有灵活性，要随社会人才需要的变化而变动。在20世纪80年代末90年代初时.我国经济和法律方面的人才需求量大，许多高校一哄而上，盲目打报告上专业，现在已经看出了它的弊端。这一点可以从某些大学的经济和法律类毕业生签约率低的现实得到证实。招生专业应随社会需求变化而变化，但不能以"一变应万变"，社会上对人才的需要总是处于动态的波动中，要想使毕业生与社会变化相适应，就需要及时调整专业培养方向和招生规模；另一方面.既然人才也是一种商品，学校就应像生产产品的企业一样，采取"以销定产"的方法，不能只管"生产"而不管"销售"。

（4）高等教育体制中缺乏社会公平而影响学生就业率。我国高等学校入学收费制度得到全面推行，在政府财政投资之外，受教育者个人承担一部分教育投资，无论对高等教育的持续发展还是对社会公平程度的提高都是必要和有益的。然而我国高校招生收费制度是在它的首要前提条件之一即"就业市场的开放"未完全具备的情况下进行的。因而就显示出了毕业生就业时的社会不公平性。

五、党中央领导对大学生创新创业的重视

习近平同志在2013年九次中央政治局集体学习会上提出了"实施创新驱动发展"等五个方面的任务，即五个"着力"：着力推进科技创新与经济社会发展紧密结合；着力增强自主创新能力；着力完善人才发展机制；着力营造良好政策环境；着力扩大科技开放合作。在提到着力完善人才发展机制时，指出要深化教育改革，推进素质教育，创新教育方法，提高教育质量。短短几句就说出了当前教育改革，特别是高等教育改革的关键。

对于我国高等教育来说，素质教育是我国教育工作者的创造，是我国教育思想的探索。我们认为是我国高等教育带有方针性的教育思想，是中国特色的教育思想体系中的重要内容。知识、能力、素质是教育的三要素，高等教育不仅要传授知识、提高能力，还要提升素质。我们要培养有知识、能力强、素质高的人才。素质包含了思想道德素质、文化素质、业务素质、身体心理素质。从1995年开始，教育部就在高等学校开始了以提高文化素质作为切入点和突破口的素质教育的探索。经过多年来的努力，应该说取得了很大的成绩。我们提出，要提高学生的素质特别是文化素质，要提高教师的素养特别是文化素养，要提高学校的品位特别是文化品位，这项工作坚持多年，得到了广大教师和学生的欢迎。当然也遇到了一些阻力，认识上也有很大的差异，领导也不能说非常得力，加上社会上的

素质面貌，国民的素质，超越道德底线、素质底线的事情每每发生，学生作弊有的地方甚至成风，论文抄袭、校长嫖娼也时有发生，我们能说我们的国民素质在不断地提高吗？国民素质低是不可能全面建成小康社会的。提高国民素质是我们高等教育应有的不可推卸的责任，提高学生素质也是提高国民素质的基础，是提高国民素质的一部分。习近平同志把推进素质教育作为深化教育改革的重要内容，很值得我们认真学习、理解并付于切实的行动。

习近平同志接着提出创新教育方法，这里用了"创新"，用了"教育方法"。长期以来，对"灌输式""填鸭式"的教学方法改而甚少，对"启发式""讨论式"教学方法推而不广。因教学方法的改革涉及全部的教师，更涉及教育思想的变革，所以一直改得很少，效果更小。但是教学方法是我们提高教育质量的重大问题，甚至是关键所在，所以改革教学方法、创新教育方法对于我国高等教育改革来说，已经到了非改不可的时候了。

为深入贯彻党中央国务院关于促进大学生创业工作的有关精神，落实九部委《关于实施大学生创业引领计划的通知》和共青团中央《关于加强共青团促进青年创业就业服务体系建设的实施意见》的工作部署，共青团中央办公厅印发了《关于高校共青团积极促进大学生创业工作的实施意见》（中青办发〔2015〕2号，以下简称《意见》）。

《意见》强调，促进大学生创业是高校共青团服务党政工作大局、服务国家改革发展、服务青年学生成长成才的重要工作内容。高校共青团要在党中央、国务院关于大力促进大学生创业工作有关精神的指引下，坚持育人为本，坚持协同推进，发挥高校共青团在组织动员、资源整合、载体搭建、氛围营造等方面的工作优势，推动大学生勇于创新创业，努力造就大众创业、万众创新的生力军。

《意见》指出，各地各高校团委要立足于创业意识培养、创业能力提升、创业实践锻炼等工作内容，从举办系列创业讲堂、普遍开设创业课程、培育创业社团协会、完善创业竞赛体系、组建创业导师团队、联合打造创业基地、争取创业资金支持、构建政策服务平台、寻访创业典型等九方面出发，建立健全高校共青团促进大学生创业工作体系。

《意见》强调，各地各高校团委要加强组织领导，强化资源整合，充分运用组织化动员和社会化动员，实现工作资源的高效整合和利用；要把握总体要求，突出自身特色，选好自身工作的切入点和突破口，积极探索具有本地本校特色、带动性强、能落到实处的工作项目；要注重舆论宣传，加强跟踪帮扶，充分利用各种类型的宣传媒体和宣传形式，完善对在校创业和已毕业创业学生的跟踪帮扶机制。

各地各高校团委应按照《意见》有关要求，制定本地、本高校共青团积极促进大学生创业工作的实施意见，共青团中央将适时对各地各高校团委积极促进大学生创业工作的实施意见的制定及落实进行督进、考核。

党中央、国务院一直高度重视大学生的创业、就业工作，目前人力资源和社会保障部正在按照国务院的要求，和有关部门共同研究制订大学生创业、就业的指导意见和相关政策，主要从六个方面做好工作：

第一，进一步完善促进高校毕业生创业、就业的政策体系和服务体系，建立健全大学生创业、就业工作的长效机制。

第二，坚持面向企业生产一线、面向城乡基层服务一线、面向西部边远地区建设一线，同时根据现在经济形势发展的新需要，在生产服务、生活服务、社会管理、公共服务方面开发更多的就业岗位，拓展就业领域、疏通就业渠道．为大学生创造更多、更大的就业空间。

第三，完善鼓励毕业生到基层、到企业、到边远地区创业、就业的各项政策，通过政策引导毕业生，在这些能够扩大就业的领域里更好地创业、就业。

第四，进一步畅通毕业生到各类企业，特别是民营企业就业的路子，鼓励和支持大学毕业生自主创业、自谋职业。

第五，强化对毕业生的就业服务，着力解决创业、就业供求信息不对接、技能不适应这些问题。

第六，建立完善对困难毕业生的援助制度，认真做好家庭困难毕业生的登记和创业、就业援助工作．争取让最困难的，又急需创业、就业的人员得到一对一的帮助，解决他们的问题。

第二节　我国大学生创新创业教育基本现状

一、我国大学生创新创业活动兴起的背景

（1）国际背景，世界经济发展形势带动创新创业文化在全球兴起，创业型就业是美国经济发展的主要动力之一。

世界组织高度重视创新创业教育，创新创业的浪潮在世界多国高涨起来。1998年联合国教科文组织《21世纪高等教育：展望与行动》和《高等教育改革和发展的优先行动框架》两个文件都强调必领把培养学生的创业精神和创新精神作为高等教育的基本目标。

世界经济一体化和产业结构的调整，为我国创新创业带来了更大的历史机遇。

（2）国内背景，我国已基本完成了社会的转型，国内创新创业环境不断完善。经济发展方式的转型为创新创业提供良好的经济环境；政策措施的转变为创新创

业提供良好的政策环境：人才培养方式的转变为创新创业提供良好的人力资源环境。

二、大学生观念不断更新，创新创业人才不断涌现，提升了创新创业者的素质和成功率

中国作为一个文明古国，有着深厚悠久的历史文化，这些传统的观念至今都有着深远影响，而像创新创业思想在我国并不普及。每年我国毕业生人数高达几百万，但真正自主创新创业的却寥寥无几。除了受传统文化的影响、经济发展的限制，高校教育的匮乏也是造成这一现象的原因之一。我国的教育重视专业课分数，忽视素质教育和创新创业意识培养，创新创业基础教育没有得到足够重视。创新创业教育能够激励学生跳出应聘工作的圈子，尝试自己去开拓事业，创造新的社会价值，实现个人的成就梦想；能把被动的就业方式转化成主动的创业模式，敦促创新创业人才的出现，丰富学生的就业范围，更新学生的思想观念。

创新创业基础教育教会大学生如何创业、掌握怎样的技能才可以创新创业，降低了创新创业的盲目性和跟风性，加入了理智的成分，能够很好地从源头上控制创新创业的失败率。虽然创新创业成功与否，影响的因素很多，但是如果能够用合适的创新创业技能加上正确的创新创业方法以及顺应市场的创新创业理念，创新创业的成功率就会大大提升。创新创业基础教育多开展于大学校园中，创新创业者多为大学生和研究生，本身就具备一定的素养，对创新创业者队伍的整体水平提高有着重要的推动作用。创新创业基础教育虽然不能保证每一次创新创业都能取得成功，但是大学生在创新创业过程中学习和得到的，一定会让他们受益终身。

三、创新创业基础教育能提升国家的科技实力

创新创业不仅需要观念上的创新、敏锐的洞察市场的能力，还包括科技上的创新。当代科技、生产的发展，使人们越来越清楚地认识到国民素质不但是高级人才培养和高科技发展的前提，而且是各层次人才培养和应用科学技术的基础，国民素质的高低直接关系到整个国家的前途命运和人们未来生活的幸福。国与国直接的竞争不仅仅是少数高级人才和高新技术的竞争，而且是大学生创新创业教育的竞争。大学生创新创业教育已成为经济发展的最基本的决定性因素。因此，许多国家都把大学生创新创业教育的路径选择放在了教育乃至社会发展的突出地位。

科学技术是第一生产力，科技的创新能带来经济上的成效，甚至可以推动一个时代的发展，很多几十年前只能想象的东西，现在已经清晰地出现在我们的生活中。我国当前的科技实力与发达国家相比还存在一定的距离，科技更新慢，产业多集中在制造业，真正的创新技术都归发达国家所有。我国现有的很多一流高

校，坐拥优秀的大学生和实验资源，如果能在校园培养大学生的创新创业意识，在平时的活动中能主动地把有实用性的创意合理化、现实化，投入市场运作，那么，不但可以培养大学生的科技能力，还能使成果产业化，有利于培养大学生创新创业的成功。

四、实施创新创业教育，蕴含着创新创业教育的时代走向

马克思曾经指出，人的劳动本身是一种积极、创造性的活动。创新是人类的最高本性。整个人类历史，就是一个不断创新的过程。没有创新，就没有人类的进步，就没有人类的未来。创新是一个民族的灵魂，是一个国家兴旺发达的不竭动力。国家的创新来自创新的人才，创新的人才来自创新的教育。学校教育是教与学两个过程的统一。以教师为主的教的过程有双重使命：创造知识并传播知识。以学生为主的学的过程同样需要创造力。教育活动中大学生创造能力的发展需要一个自由全面、和谐发展的条件和空间。为此，必须尊重大学生的勇气，尊重大学生的表达和质疑，尊重大学生个性特长和自我选择与创造。在这样的氛围里，教师须确立一种平等、和谐、民主的师生观，善于突破既成的思维方式和问题标准，启发、鼓励大学生的创新意识，肯定大学生的独到见解。尊重大学生每一个新异的思维火花，可能就造就了一个天才。多一把衡量的尺子就多出一批好学生。当年，马克思、恩格斯把个人的自由全面、和谐发展看成是无产阶级和人类解放所追求的理想目标，今天，我们要在教育过程中，真正实现每个大学生创新创业教育的自由和谐发展。

五、实施创新创业教育，是全面贯彻党的教育方针和适应社会的需要

"我们的教育方针，应该使受教育者在德育、智育、体育几方面都得到发展，成为有社会主义觉悟的有文化的劳动者。"这是自20世纪50年代至80年代长期指导我国教育工作的基本方针。自20世纪80年代以来，中央对教育方针又有过多次表述，其中最重要的是三项法律规定。《中华人民共和国宪法》规定："中华人民共和国公民有受教育的权利和义务。国家培养青年、少年、儿童在品德、智力、体质等方面全面发展。"《中华人民共和国教育法》规定："义务教育必须贯彻国家的教育方针，努力提高教育质量，使儿童、少年在品德、智力、体质等方面全面发展，为提高全民族的素质，培养有理想、有道德、有文化、有纪律的社会主义建设人才奠定基础。几十年来，虽然教育方针在具体表述上多次调整，但是，其基本的精神并没有改变。这说明，无论在理论上，还是在实践中，由于受应试教育模式的影响，这一方针长期以来没有在教育实践中得到很好的贯彻落实。

党的十一届三中全会以来，党的改革开放政策和邓小平建设中国特色社会主

义理论，推动了我国社会政治、经济各方面的发展，尤其社会主义市场经济体制的确立，使得我国社会生活发生了前所未有的变化，人们的思想观念和价值取向也发生了变化，人的主体地位得到更充分的体现，社会对于人才、人的素质提出了新的更高的要求，甚至给予了新的界定。社会对创新创业教育提出了新的要求，大学生的创新创业教育必须通过自身的变革来主动适应社会的需要。

六、实施创新创业教育，是世界教育改革与发展的共同趋势

21世纪是一个高科技的、竞争激烈的信息时代。面对新世纪的挑战，要在激烈的国际竞争舞台上占据战略主动地位，关键在人才。而21世纪的人才，就来自今天的大学生，因而，世界各国都不约而同地把战略的目光转向了今天的大学生身上，对他们的创新创业教育进行跨世纪的战略思考和准备。

基于这一教育实践的现实基础，面对21世纪经济、科技的挑战和培养跨世纪人才的要求，世界许多国家也都先后推出了面向21世纪的教育改革和发展的方案和新政策。从1990年世界全民教育大会以来，先后9次召开的围绕人口、环境、教育和发展问题的国际性重要会议，几乎每一次都重申"满足和提高全民基本的素质"这一主题，确立了创新创业教育在人和社会的持续发展中所占有的重要作用。实现全民创新创业教育，是时代和历史发展的必然要求，是世界教育改革与发展的世界性潮流。

每个大学生都是具体的，都有各自不同的创新创业教育特点和具体情况。要承认每个大学生的兴趣、爱好、能力与个性差异，而不是把他们放在同一个模子里。我国著名教育家蔡元培先生任北大校长时，就提倡"尚自然、展个性"的教育精神，他在《新教育与旧教育之歧点》一文中指出："知教育者，与其守成法，毋宁尚自然；与其求划一，毋宁展个性。"

（1）实施创新创业教育，是对教育本质、教育规律、教育对象的尊重，达到真、善、美相统一的新境界。哲学意义上的真，就是客观事物的本质和规律；善，就是客观事物之于人类整体有利于有益的功利；美，则是真与善在实践中高度统一的生动体现。教育学意义上的真，就是教育的本质和规律，教育的本质是培养、提升和扩展人的生命价值与生命意义。教育的基本规律有二；一是教育要适应与促进社会的需求与发展；二是教育要适应与促进人的身心的发展与完善。善，是指对教育规律的遵循与尊重，指教育过程上的道德性，即对人的生命价值和生命意义的提升与重视。在教育过程中，道德的教育行为就是善的，不道德的也就是不善的。在德国古典哲学家康德看来，有德性的行为是理性自由的最高表现。美，则是体现本质与规律的和谐统一。根据创新创业教育的内在要求，学校的每一项活动都是基于人的培养，都是基于科学理性与人的理性的需求，而不是像"应试

教育"那样，把分数和升学率的功利性置于至高无上的地位．那么，我们的基础教育就可以复归真、善、美统一的境界里·复归到尊重的教育理念里。

（2）实施创新创业教育，已成为新世纪教育发展的积极应答，旨在高扬了以人为本的价值理念。创新创业教育，近几年得到广泛的关注，并引起了教育界的积极探索。尽管理论界对创新创业教育诸多问题的认识不尽一致，但它确已成为我国教育实践的主导。同时，创新创业教育是全面发展教育思想在当今历史条件下所表现的一种教育思想潮流，是社会发展进步与教育发展现实的呼唤。

从这个意义上说，旨在高扬了以人为本的价值理念。以人为本的基本内涵就是人类社会的任何活动都要以满足人的生存和发展为目的。它强调人是自然、社会、自身的主体；人是价值形态中的最高主体。尊重的教育把以人为本作为自己的立论基础，把提升、扩展人的生命意义和生命价值作为教育活动的出发点和归宿。从本源上看，教育是一种基于人、通过人又为了人的一种社会活动。学生是教育的有效载体一学校存在的根本依据。具体地说．在当代社会里，不是学校决定了学生的存在，而是学生的自我选择决定了学校的存在。是教师的勤奋努力工作赋予了学校教育质量和社会声望，学校方得以扩大和发展。学校要实现提升大学生的生命意义和生命价值的目的，一个重要的前提是必须尊重大学生的生命意义和价值，尊重大学生创新创业的主体性和能动性。

（3）实施创新创业教育，大学生要强化自信心不足与合作精神。自信教育绝不仅仅是成功方法的点拨，更重要的是人格教育和学生的自我塑造。要强化学生"天生我辈必有才，天生我才必有用"的信念。科学上的重大发现往往在初期不被人所理解，要相信自己，勇于开拓创新。缺乏自信心'只能随波逐流。自信是人生成功的重要基石。自卑是人生第一大敌，自信是人生成功的第一要诀．.好学生和落后学生有一个共同的作用点，就是自我认识，好学生积极进取的心态和人格品质，落后学生的消极自卑和意志不坚，都是自我认识的显影，对学业优劣至关重要。有些大学生自信心不足主要表现在：

一是有雄心无大志，甘居人下。有些大学生没有做大事、成大业的愿望，只图工作上过得去，比上不足、比下有余、就心安理得了。

二是有些大学生畏首畏尾，望而却步。做事唯恐出错，怕冒风险。他们的哲学是"不求有功，但求无过"。搞发明创造嘛．风险太大；搞科学实验嘛．又有危险；搞生产经营嘛，害怕亏本。

三是有些大学生随众附和．亦步亦趋。习惯于跟着别人的屁股后头跑，以为这样就万无一失、平安无事。岂不知，这正是他们失败的一个原因。

四是有些大学生听天由命，怨天尤人。凡事叫难，诸如"我没有钱""没有时间""身体不行""文化不够""学历太低""能力不行""命运不好"等等。遇到问题、受到挫折、遭到失败，就往客观方面一推了事，这是典型的外因论者，也是一种典型的失败主义者。

五是有些大学生既无纪律又无正确目标。"当一天和尚撞一天钟"，或只当"和尚"不"撞钟"殊不知，人生无目标，就如同乘船坐车没有方向。没有方向，怎能到达目的地呢？没有目标如何踏上成功之途呢？这样的大学生必然一事无成，虚度终生。人为万物之灵，灵在哪里？灵在他有目标意识，灵在他有思想和信念。有了目标，目标不明确，也不易成功。因为世界上从来都不存在各个方面都出类拔萃的全才。每个人的精力能力都是有限的，所谓优秀者，只能是某一方面的优秀者；所谓天才，也只是某个领域的天才。这就要求学生能够正确地认识自己职业生涯规划的长处和短处.扬长避短，选择从事自己相对擅长的最有希望成功的职业，作为自己的奋斗目标.切记：目标是人生发展与奋斗的方向，是人生追求的结果。没有正确的目标，大学生就没有事业的成功。

我们处在竞争与合作共生共存的时代，更加强调与人相容、合作共处。在现代科技革命条件下，单枪匹马、孤军奋战很难有大作为。重大科技成果的获得者，往往是团体冠军，在集体中更能体现个人的价值。在高度全球化的社会里，应当尽量学会与各类人交往和沟通，主动表达自己对各种事物的看法和意见。

哈佛大学校长陆登庭认为，在国际化社会里，每一点新鲜见识的增长均得益于全球知识渊博的学者之间的合作。合作是一种美德.它体现互尊互爱互助互谅的精神；合作是一种胸怀，它表明海纳百川，有容乃大，宽容谦和，善待他人的情操和气度；合作是一种方法，它要求团队协作，友好共事，平等相处。今天的事业是集体的事业，今天的竞争是集体的竞争。与他人相容，善于合作的人的成功机会更大。生活在群体之中，一个人要把握层出不穷的新的机遇，介入丰富多彩的社会生活，离不开沟通与合作这一基本素质。有沟通意愿的人，才是心智健康的人；有合作能力的人，才是有前途、能成功的人。

第三节　全面实施素质教育加强创新创业教育是大学教育的重要责任

20世纪90年代末开始推行大学素质教育以来，大学素质教育质量和人才培养仍不尽如人意。大学生群体在我国高等教育大众化和发展市场经济的背景下，存在着以自我为中心、以利益为准则、以享乐为目的等问题。针对大学生群体的现实问题和时代发展对人才的素质要求，大学要全面实施素质教育，坚持予之以义、授之以渔的教育理念，把正心厚德、致之创新作为素质教育的根本，构建以多维共生的素质教育体系为主体的智慧校园，播撒以宽严相济、促进学生健康成长为主导的醍醐师爱.使大学生时时处处获得素质教育的浸润。大学素质教育要立足时代之需要，坚守大学之精神，以其对现实的关照和恒久的大学精神来深刻地影响学生。这种创新创业对现实关照和恒久的精神就是大学素质教育的灵魂。把握大学素质教育的根本、方略和灵魂，能够使得大学更好地促进社会发展和时代进步，肩负起大学的责任和使命。

大学，承载着太多的梦想和希望，个人的追求、家庭的期盼、社会的发展、民族的振兴等，总是与大学教育紧密相连。凡此，应当是基于大学的内在品质与功能，而不是大学迎合世俗的结果。大学的责任具有恒定性，也具有历史性和现代性。党的十八大报告指出，全面实施素质教育，深化教育领域综合改革，着力提高教育质量，培养学生创新创业精神。强调大学素质教育，顺应了世界高等教育的发展趋向，更切中了我国大学教育的时弊，对全面提高大学教育质量、培养高素质创新人才有着重要意义。

一、予之以义，授之以渔：大学素质教育的根本

大学作为一个教育的所在，要教导学生什么？培养怎样的人才？这个大学教育的根本问题，需要在对大学教育的反思中来认知。

1.敷衍浮躁重利轻义等乱象挑战大学教育

在新中国成立之初30年和改革开放30多年间所取得的重大进展和辉煌成就，离不开高素质创新人才的努力奉献，他们在现代化建设进程中发挥了不可替代的精神保障和智力支持作用。大学教育在培养高素质人才方面做出了重要贡献，也在国家重视教育科学文化、实施科教兴国和人才强国等战略实施中获得更多的发展机遇和空间。

事物总是一体两面的。社会发展对人才的需求和国家政策导向促进大学发展的同时，也直接影响着大学总体布局、专业设置和人才培养标准。在这一历史进程中，我国大学数量和招生数量均呈上升趋势，1976年"文化大革命"结束时，全国仅有高等学校392所，到1981年全国恢复和新建的高等学校共704所，到2012年全国普通高等学校（不含独立学院）共2138所。大学的学科、专业设置以适应国民经济建设各个部门对高级人才、专门人才的需要为出发点.过分强调教育的"工具意识"，注重科学教育和知识传授，偏重于培养适应经济发展的技术人才，以期顺应我国社会主义市场经济体制、科技进步和社会发展。大学的专业教育相对狭窄，而且一定程度上忽视了学生的创新创业能力培养和个性发展，使得忽略人文素质教育这个世界范围大学教育存在的问题，同样成为我国大学教育的一个不容忽视的问题。大学所培养的人才尽管总体上达到了高级专门人才的水准，但仍然呈现出知识面狭窄、人文底蕴薄弱等欠缺，部分学生或轻或重地存在着信

念淡化、道德滑坡问题，甚至见利忘义，唯利是图.陷入拜金主义、极端个人主义和享乐主义的泥坑。其问题主要表现为：首先，以自我为中心，团队协作意识淡薄。凡事只能看到自己的诉求，只考虑自己的感受和需要，对他人、对社会的理解力和责任感缺失，宽容友爱、感恩互助、悲悯正义等优良品质有待培养。其次，以利益为准则，功利主义倾向明显。一般在生活方式上以及需要确立学习工作原则的时候、有竞争和利益的地方，会更凸显出来，如参加社团活动、申请加入中国共产党等行为选择上动机不够端正，更加关注影响自身生存和发展的现实问题，等等，缺乏坚持真理的科学态度和评价善恶的科学标准。再次，以享乐为目的，目标理想不够高远。高尔基说，一个人追求的目标越高，他的才力就发展得越快，对社会就越有益。一些大学生心态浮躁，学习不求甚解，做事敷衍塞责，不能够把个人愿望和社会需要统一起来，确立的人生目标不够深刻、长远。这种种的事理模糊和价值偏颇，必然造成学生的心理困惑、思想迷茫，反映到言行上，便是处事以利为上，为人善恶不清，学业不求甚解，这会极大地损害大学生的形象；如未能够在大学期间得到及时有力的教化和引导，这一类大学生走向社会，将难以做到恪尽职守、敬业奉献.甚而会因谋取私利而做出不利他人、危害社会的事情。

2.正心厚德、致知创新等素质立为教育根本

大学生进入一所大学，必对之有所期待，寄望这样一个所在可以丰富自己、提升自己，甚至改变自己。大学生走出校门，社会必对之有所期待，希望这是一个名副其实的大学生，有创新、有理想、有情操、有学识、有才干。1999年第三次全国教育工作会议上，中共中央、国务院做出关于深化教育改革全面推进素质教育的决定、素质教育成为大学发展的明确方向。也是基于此次会议精神.我国高等教育拉开了从精英教育阶段向大众化教育阶段转变的幕布。我国高等教育规模快速扩张，教育机构多样化，招生人数急剧增加，这种发展变化对大学素质教育、对于保障和提高教育质量形成了现实挑战。虽然学界和教育界在关于大学素质教育的思考和探索方面取得了较多的研究成果和一定的教育实践经验，但是大学教育现状差强人意，素质教育理念仍有待进一步明晰，创新创业的质量仍有待进一步提高，大学生群体中存在的上述共性问题尚未能获得有效解决。由此，党的十八大报告强调全面实施素质教育.着力提高教育质量，培养学生的社会责任感、创新精神和实践能力，非常振奋人心，不仅明确表达了从国家层面将大学素质教育落到实处、推进教育事业科学发展的决心，而且指明了人才培养的着力点。

3.实施素质教育是大学的责任

只有担负好素质的育人责任.大学才能够称得上知识的殿堂、德行的航标、嫁接社会与未来的桥梁，才能够真正担负起一所大学应尽的学术责任、社会责任和

历史责任，育时代英才、促社会进步。人的素质包括文化知识素质和科学技术素质、人文素质和职业素质、思想政治素质和身体心理素质、道德素质和法律素质等多项维度。基于我国立德树人的教育方针、大学生群体的共性问题和时代发展对人才的要求，现阶段要把正心厚德、致知创新等素质确立为大学素质教育的根本。

首先，予之以义，崇尚正心厚德。"古之欲明明德于天下者，先治其国；欲治其国者，先齐其家；欲齐其家者，先修其身；欲修其身者，先正其心。""心"为一身之主，万行之宗；心有不正，身亦随之。为此，要始终把德育放在素质教育的首位，以社会主义核心价值观为导向，加强社会公德、职业道德、家庭美德、个人品德教育，加强集体主义、遵纪守法、明礼诚信和团结互助教育，弘扬中华传统美德，弘扬时代新风，引领全体学生树立正确的世界观、人生观、价值观、道德观。黑格尔说，一个民族有一些仰望星空的人，他们才有希望。大学不但要教导学生爱己、爱家，更要教导学生爱国，强化学生的生命质量与生命责任、家庭幸福与家庭责任、职业发展与社会责任、主体声誉与历史使命的责任意识与使命意识。

所谓"大学之道，在明明德，在亲民，在止于至善。"予之以义，能够使学生小至修习个人文明礼仪、达成慎独自律，大至自觉担负起社会责任、民族责任，实现学生主体的自身和谐、人际和谐、自然和谐。大学生知晓应当成为怎样的"人"，才能够具有面对社会问题的科学态度，才能够成长为我国社会主义和谐社会建设、实现中国梦的宝贵人才和可靠依托。

予之义，崇尚德，是大学素质教育的首要。具体到每一所大学，可依据其办学特色强调"德"的不同内涵，如财经类学校强调诚信、严谨，医科类学校强调仁爱、至善，工程类学校强调精艺、笃行，等等。

其次，授之以渔，倡导致知创新。当代大学生肩负着继往开来、迎接新技术革命挑战、推进改革开放、实现中华民族伟大复兴的历史使命，要追求作为主体的人的自由而全面的发展，又要追求作为社会人的创新创业素质和能力的提升。大学教育要能够促使大学生将自身的朴素认知提升为理性认识，将基础知识和基础理论提升到学术前沿高度、专业精通程度、理性剖析深度、古今中外广度，提升其综合素质，使其有专业、有眼界、有境界，仅仅授之以鱼是不行的，必须授之以渔，使学生在修习知识、掌握技术、锻炼能力的过程中达到对事物的完善的理解，提高学习能力和创业能力这两种素质。

就学习能力而言，一是锻炼提高学生的接受理解能力，做到举一反三、融会贯通；二是强化培养学生的自主学习能力，做到善学好问、力学笃行。在当代科学技术迅猛发展、知识更新周期越来越短的时代背景下，大学生的自主学习能力更为重要。大学教育要能够有效激发学生的学习需求，使学生在做好科学的人生规划和学习规划的前提下，明晰学习动机，明确学习方向，获得持之以恒的学习动力。这是学生实现个性发展和持续发展的重要保障，也是学生成为创新型人才的关键。就创新能力而言，一是培养学生敢于创新的勇气，具有迎难而上、坚忍不拔的意志；二是培养学生善于创新的智慧具有革旧鼎新、解决问题的能力。

二、智慧校园，醋酣师爱，大学生素质教育的浸润

人的认知框架的确立是一个漫长的过程。而大学是人生发展的重要阶段，是清晰描摹内心的精神世界、牢固树立内心道德信仰的关键时期。大学素质教育，要培养学生积极进取的人生态度和奉献社会的价值取向；要以知识为底蕴，帮助学生奠定人文素质基础和科学素质的坚实基础。

1.构建以多维共生的素质教育体系为主体的智慧校园

全面实施素质教育.大学要重新审视学生的发展需要、社会和国家对人才素质的要求，坚持以人为本，搭建素质教育平台，加强大学文化建设和创新创业实践育人环节.构建起多维共生的素质教育体系，使大学校园成为一个智慧的所在。通过大学的专业教育、课程教学、社团活动、景观设计、文化传媒等，利用校内外师资、实践基地等教育资源，使大学生获得全面系统的素质教育.处处感知智慧，不断增进智慧，生发其内在的自主学习和实践创新的原动力，追求自我完善，全面发展。构建大学素质教育体系的要素主要有以下方面：

一是素质教育的目标和任务。高等教育承担着培养高级专门人才、发展科学技术文化、促进社会主义现代化建设的重大任务。实施素质教育就是要坚持教育为社会主义现代化建设服务、为人民服务把立德树人作为教育的根本任务，深化教育改革，着力提高教育质量，着力培养信念执着、品德优良、知识丰富、本领过硬的高素质专门人才和拔尖创新人才。为此.不同类型的大学要在把握素质教育总体目标和任务的前提下，确定适合其自身办学定位的具体教育目标和任务。

二是素质教育的内容和重点。大学要通过深度调研，准确把握学生主体发展和未来就业创业、职业发展需要的素质。高度认知国家富强、民族振兴对人才的素质要求.基于以上问题来确定素质教育内容。依据对新中国成立以来我国大学教育的回顾与反思，以及当前大学生群体存在的共性问题，要把德育放在素质教育的首位，德育与智育、体育、美育相互渗透.贯穿于教育教学全过程.加强人文素质教育和通识教育，着力提高学生的思想素质、道德修养、文化素养、身心健康。教育"重点是面向全体学生、促进学生全面发展.着力提高学生服务国家服务人民的社会责任感、勇于探索的创新精神和善于解决问题的实践能力"。

三是素质教育的路径和载体。这是智慧校园的硬实力。确定素质教育路径较

为简便的逻辑思维是基于学生从入学到毕业的学习进程的视角。大学生的学习进程主要包括入学始业教育、课堂教学、实践育人、环境育人、考核评价等五个环节。每一个环节都是素质教育的一个重要途径，是通向素质教育目标的重要通途。

从不同素质的培养需求和教育资源的整合出发，大学可以通过搭建多向度的素质教育平台作为教育载体，有针对性地加强如人文素质和人文精神的培养、公民知识和公民意识的培养、学生职业素质和核心职业能力的培养、女生才艺特长和淑女气质的培养、创新意识与创业能力的培养，等等。

四是素质教育的方法和策略。有了路径和载体，运用怎样的方法和策略就成为培养正心厚德、致知创新的高级专门人才的关键。方法和策略本身就充满着智慧，是智慧校园的软实力。教育工作者在全面把握教育路径和载体的前提下，要深入思考以怎样的理念和措施来开展始业教育，进行微观课堂教学改革，将实践育人落到实处，发挥校史校训、校园文化、校友文化等环境熏陶作用，使考核方式和评价标准更具有激励效用等。例如，坚持学生的主体地位，充分发挥学生主动性；完善人文素质教育与职业素养教育类课程结构；丰富公共选修课程的类型，为学生文化素质和拓展提供更多的选择；改进大学生思想政治教育的组织和方式，教育引导学生无私奉献、服务社会，培养学生的道义、信念、良知、悲悯、敬畏和责任感等品质；在制度、方案和机制设计中注重对学生主动学习的激励和引导，增强学生的自主学习能力；在基础课程建设中强调课程整体设计和单元教学审计，提升学生的理解能力和沟通能力，培养团队协作精神，塑造完善人格，等等。在实施素质教育过程中，逐步形成一批大学素质教育品牌，包括素质教学品牌和素质教育社团活动品牌。

五是素质教育的评价和管理。建立适应素质教育的评价体系是推进大学素质教育的一个重要因素。素质教育难以推进的一个重要原因，就在于难以对教师工作进行量化的考核评价，难以对学生素质建立可操作性的考核方式和标准。素质教育评价体系要以教育质量为核心，建立学生对教师教书育人、管理育人、服务育人工作的评价反馈机制；要以促进学生诚信为人、勤奋学习、积极实践、全面发展为目的，制定符合个性学生发展规律和成长规律的学生综合素质评价标准。依据评价结果，对教师和学生施行相应的激励和制约措施。

科学有力的素质教育管理，是制定和施行素质教育各项制度、贯彻实施素质教育各项举措的重要保障。高校党委要加强对素质教育的领导，要形成各部门密切配合、齐抓共管、狠抓落实的管理格局，统筹规划素质教育的具体要求、步骤安排、检查总结等工作，健全教师培训制度，加大教学督促、检查、指导工作等。

2.播撒以宽严相济、促进学生健康成长为主导的醇酣师爱

教师的育人原则和理念、育人态度和方式，直接影响着大学素质教育的实施

和效果。因此，建设高素质的师资队伍是实施素质教育的关键，确定素质教育原则是规范教师教育教学活动的指针。

首先，把"爱"作为素质教育的出发点和归宿。一方面，教师要有爱。要拥有对教育事业和广大学生的爱。对教育事业的热爱，能够焕发教师敬业奉献的崇高情怀，以高昂的激情和活力投入工作，精益求精，追求卓越。对大学生的深爱，能够强化教师爱生如子的责任意识，以真心和真情对待学生，因材施教，因势利导。教师对教学的投入、对学生的用心，会使教师本身抛却名利得失，把促进学生健康成长作为教书育人的出发点和落脚点，尊重教育规律和学生身心发展规律，深入了解学生，尊重和关注每一个学生，认真备课授课，认真研习教学方法，促进每个学生主动地、生动活泼地发展，为每个学生提供适合的教育，提升学生素养，丰润学生心灵。我们知道，任何一门课程的素质教育功能都是有所侧重的，但可以通过渗透式、激发式发掘课程教学的多维育人功能。教师在课堂中能否适度地将学科知识教学与学生综合素质的锻炼和提高自然融合，不仅仅是教师的教学能力和水平问题，更是教师对待教学工作的情感和态度问题。

其次，赋予学生爱的能力。学生在学习生活、待人处事方面出现的一些缺点和不足，往往与学生欠缺爱的能力直接相关。一种情况是不懂得自爱，如不够珍爱生命、不肯努力让自己更优秀等，以致对自己不负责任，大学阶段荒废光阴、甚至轻贱生命等行为屡见不鲜。第二种情况是不懂得爱人，凡事只能单向度地从个人需要、个人感受、个人意愿出发，不懂得感恩.缺乏对他人的关怀、悲悯、理解和包容之心，以致对家庭、对他人和社会不能够担负起应有的责任，易造成人际矛盾和某些突发危机。如目无他人、目无组织，行事随心所欲，就是不懂得爱人的一种典型的表现-第=种情况是不懂得爱国，没有天下兴亡、匹夫有责的青春热血，没有为中华之崛起而读书的澎湃激情，这样的人也许能够小有成就，但必定会利益至上，终有才干也难以保证会以身报国。教师要在教育教学中引导学生拥有爱的能力。心中有"小我"，更有"大我"，使学生成长为全面发展的人，成长为对社会有用的人。

再次，以"宽严相济"作为师爱的根本准则。醇酣师爱，既是一种包容的爱，给学生自主学习的空间和自由思想的空间，也是一种严厉的爱，坚持对学生的既定要求和准则，培养学生认真、求是、坚忍不拔的意志品格。如果我们以所有教师均全心关爱学生为假想前提，那么由于人的个性禀赋不同，一般会呈现出两类不同的倾向：一种倾向是给予学生更多的宽容和帮助，类似保姆型的教师。他们极少批评学生，动用自己的人力、物力和社会资源帮助学生完成某项任务.或是渡过贫困难关，或是获得就业机会等。这种倾向的动机和出发点无疑是好的，但却不一定带来好的结果。学生会在轻易获得中失去思考、奋斗、拼搏、竞争的机会，而没有深刻地品尝生活的挫折和压力的苦痛，其感恩之心也会淡薄许多。另一种倾向是一味地严格严厉要求学生，类似"狼爸"型的教师。他们更注重结果，较少耐心分析学生学习问题产生的具体原因，较少考虑学生的先天禀赋、知识基础、经历背景和心理因素。学生面对这样的老师.大多只会认为其刻板苛责，不近人情，很少能够理解这种严格要求的责任心。因此，师爱必须是宽严相济的，建立起开放式的朋友型师生关系，予之以义、授之以渔，激发学生的自主学习意识和创新意识，提高自主学习能力和创新能力，培养学生的正心厚德、致知创新。

三、立足时代，有所坚守：大学素质教育的灵魂

人民群众是历史的创造者，而知识分子在推动社会进步和发展中发挥了不可替代的精神保障和智力支持作用。大学作为培养高级专门人才的所在，是知识分子的摇篮。大学就是以其对现实的关照和恒久的大学精神，深刻地影响着一代又一代的莘莘学子。这种现实关照和恒久精神就是大学素质教育的灵魂，渗透并表征于大学素质教育的方方面面，对大学教育和人才培养起着主导和决定性的作用。

1.立足时代之需要

教育具有时代性。一方面，一定时期的教育必然具有时代的印记。教育是具体的，认识依附于时代的人，受时代发展的影响，依靠时代赋予的条件。没有超越时代的素质教育。教育也是历史的，不能超越历史发展。另一方面，教育负有促进时代的使命。时代特点和发展趋势是大学素质教育的立足点，大学教育要为时代发展培养可用人才，助力实现"中国梦"。

为社会发展和时代进步培养高级专门人才，是一所大学的时代价值。大学要敏锐把握时代特点和发展趋势，据此确定素质教育的目标和重点。当前大学素质教育坚持把德育放在首位，把正心厚德、致知创新作为素质教育的根本，把促进学生全面发展、提高学生服务国家服务人民的社会责任感、勇于探索的创新精神和善于解决问题的实践能力作为素质教育的重点，符合当今世界和平与发展的时代主题，符合当前国际科学技术迅猛发展、国家综合实力竞争日益激烈的客观形势.符合当代中国坚持和发展中国特色社会主义、实现中华民族伟大复兴的"中国梦"的奋斗目标。

当今世界，国际政治格局多极化、经济全球化、文化多元化发展趋势日益突出。我国作为快速发展、成就辉煌的社会主义国家，作为经济总量世界第二大经济体的发展中国家，作为贫富差距悬殊、社会矛盾凸显的正处于改革攻坚时期的东方大国，既面临着难得的历史发展机遇，也面临着来自国际国内的多方面的严峻挑战。西方发达国家一直在对我国进行着种种"西化""分化"活动，周边一些国家也时常寻找借口挑起边界领土和海洋争端，国内的地区和民族分裂势力制造

突发事件和恐怖活动，以及愈演愈烈的仇富仇官现象等，都对大学教育和人才素质提出了更高要求。人才素质的关键因素，正是当代大学生素质教育的重点，即服务国家服务人民的社会责任感、勇于探索的创新精神和善于解决问题的实践能力。

人类进入 21 世纪，正如邓小平所预言的，科学技术的发展一日千里。科学技术发展快、知识更新周期短的时代特点，要求从业者不仅要综合素质高、适应能力强，而且要具有很强的自助思维和自学能力，能够坚持终身学习，持续地获得新知识，不断提高自身的价值并获得发展。大学素质教育坚持授之以渔，符合人才持续发展的需求。

大学生走出校门，就是"职业人""社会人"，能否做到诚信、敬业、团结互助，能否具有良好的沟通能力和较强的协调能力，是否具有兴趣特长和悲悯、敬畏、正义、良知等人文素质和人文情怀，是其能够充分发挥才情才干、发挥自身潜能、取得事业成功的重要因素。同时，社会的竞争是激烈的，甚至是残酷的，需要从业者具有良好的心理素质来面对各种意想不到的困难和挫折，有百折不回的坚强意志和志在必得的坚定信念才可能成功。实施大学素质教育，重视加强人文素质教育和通识教育，符合大学生全面发展和未来就业创业的素质要求，也符合行业企业对人才的素质要求。

2.坚守大学之精神

人是要有一点精神的，实现"中国梦"也需要一种精神力量。大学在发展过程中孕育生成了恒久的大学精神，这种精神熏陶着千千万万的学生，使广大学生在一定程度上贯通了大学精神.成长为具有某种精神特质的高素质人才。

首先，发展大学文化，培育大学精神。大学，总是与创新精神、批评精神、科学精神、民主风尚等紧密相连。这种种大学精神，会悄然蕴含在以师生为主体的知识分子的血液里。大学教育，无论是怎样不同的专业归属，同一所大学的学生总体上总是具有某种共通的特质，这是大学精神在学生主体的内化。大学，更新的是知识，不变的是精神，培养的是高素质人才，育成的是摒世俗之风骨。

大学精神是一所大学的特质。它是伴随着大学发展演进的历程，在关于价值观念、办学理念的漫长积淀过程中孕育生成的。大学精神是无形的，但它可以通过一所大学所主张和倡导的、所挨弃的和反对的得以某种程度的外显，并固化为一种特定环境的氛围和风气，以一种无形的力量规范、制约、教化、引导大学的发展和教育的施行。在这种环境氛围里，只有当你与大学精神倡导的思想观念和行为准则相一致的时候.才能够生发出一种美好的归属感和荣誉感，反之，则会难免感觉到与校园环境和人际环境格格不入的另类和羞耻感。古人云："修犹切磋琢磨.养犹涵育熏陶。"大学精神对于身处其中的广大师生的作用仿佛一只无形的手.

推动他们前行，塑造他们的灵魂，使之自主自觉甚至不知不觉提高个人修养，完善个人品格，提升创新创业能力。

大学精神蕴含在大学文化中，主要通过一所大学的校训、办学理念和核心价值观体现出来。发展大学文化，有利于建设大学精神.增强教育对人的精神塑造，促进大学生的健康成长，促进教师提高理论思维和教学质量。

其次，坚守大学精神，堪当道德标杆。坚守大学精神，意味着大学在社会发展的某个阶段或某个时期，超越社会现实培育大学生的自由个性人格和文化自觉，使其拥有诸如对人类的终极关怀、对真善美的执着追求等不朽的精神，使其成为坚持公平和正义，勇于追求真理、捍卫真理的有风骨的人，执持高尚的人生观和价值观，做到爱国、敬业、求真、求善和求新。

大学精神在一定意义上反映了一个时代的精神，却又不会受时代各种复杂的消极因素的影响而轻易改变，这自然成为时代之表征，似火种坚定人生自我修养的信念，照亮社会发展的方向，引领社会朝良性发展轨道前进。大学要将教育的时代性体现在促进社会发展、引领社会进步的积极方面，要特别注意避免陷入功利教育的误区。大学过于封闭，囿于传统教育体系，不重视研究社会需要，固然是不行的.如此就要失去办学的活力；但如果一味迎合社会热点，盲目追逐社会热潮，甚至受到社会某些不良风气的影响，不求甚解、虚荣浮夸，就彻底是丧失了大学精神，失去了灵魂的大学也就失去了吸引力和生命力。大学要保持开放态度，在精神坚守中将自身核心价值与社会需要有机结合，为促进社会发展和时代进步发挥应有的作用。

四、重视大学生非智力因素的培养与提升

非智力因素在一个人的成长、成功中发挥着越来越重要的作用。注重非智力因素的培养，使学生成为一个完美人格的高素质人才在当前高校中显得尤为迫切。通过对当前高校在非智力因素培养方面存在问题的分析，提出改变人才评价机制，鼓励学生个性化发展；加强师生交往.注重学生情感精神方面的引导；开展丰富多彩的活动，给学生非智力因素提供良好发展空间等三个方面，来进行高校大学生非智力因素的培养。

1.非智力因素的概念及作用

智力因素与非智力因素是构成大学生素质的两大基本因素。随着人们对人自身探索的不断深入，越来越多的研究告诉我们，决定人成功的除了智力因素以外.还有一个更为重要的因素——人的非智力因素。心理学的研究告诉我们，一般人们的先天智力差异不大，往往是非智力因素差异，导致了人们成就的高低。

"非智力因素"在我国还是一个发展中的概念。概括起来，学术界有三个说

法：一类是从认知领域谈的，即兴趣、情感、意志，这些是对智力活动有辅助作用的意向活动；另一类把范围扩大到心理学领域，即除智力因素以外的其他心理活动，如个性倾向性、情感、意志、品格和性格等等；还有一类是把范围扩大到教育学领域，即除智力因素以外的其他一切因素都泛指非智力因素.如性格、意志、情感、态度、精神、道德等等。无论哪一种观点都认为，人的成才除了智力因素以外，还必须有较强的非智力因素。非智力因素具有定向、动力、引导、维持、调节、强化等六大功能。

2.非智力因素在人的成长过程中起着重要的作用

自20世纪20年代起.美国心理学家对多位智力超常的儿童进行了长达十几年的追踪研究，其中一部分人成就很大，另一部分人成绩平平。分析这两部分人的心理特征发现，他们在智力因素方面无多大差别，但在完成任务的坚毅精神、自信而有进取心、谨慎、好胜心等四个方面，成就很大的那部分人远远超过成绩平平者。显然，是非智力因素造成了这两部分人之间的差异，优良的非智力因素对前者的成功起了决定性的作用*对日本有突出成就的科学家、发明家的调查发现，这些人都具有与一般人不同的心理特征：有恒心、韧劲，甚至在希望渺茫的情况下，仍不放弃目标而坚持到底；从童年时代起就有强烈的求知欲望；有鲜明的独立性倾向和独创精神等。显然，这些优良的非智力因素在他们的创造、发明过程中起到了特别重要的作用。

正是由于非智力因素在人才的成长中的重要作用，世界各国在学生的选择和培养中越来越重视非智力因素。2013年，哈佛大学录取率为5.79%，耶鲁大学录取率为6.72%，普林斯顿大学录取率为7.92%。哈佛大学录取的不见得都是高分学生，独到的见解、协作精神和动手能力更被看重；大学要找的就是人群中的领导者，培育的是领袖。耶鲁大学要求学生具有领导能力和关注社区历史的爱好，在音乐、艺术和科学方面有卓越的成绩，要非常有趣、充满活力。录取时更重视高中成绩、课外活动、老师的推荐信和个人陈述等。普林斯顿大学评价一个学生优秀与否的指标有4项：头脑质量，其中包括智商、学习能力、创造力等；品格质量，其中包括责任感、价值观、判断力等；为学校做出贡献的能力；未来在本专业和社区中起到领导作用的潜力。斯坦福大学拒绝过学术能力评估测试满分的学生，这不是歧视学生，而是他们需要敢于创新、有社会责任感和社会担当、能够引领人类进步的人。以上可以看出，学习成绩并不是名牌大学录取的唯一标准，学生是否具有独立精神、是否具有快速活跃适应紧张而有压力的环境、是否具有综合能力与众不同的特长是他们择优录取的重要因素。除了要求高中必修课成绩优秀外，学校还会看申请者是否参与过公益活动或社区服务，是否有爱心和领导力。

长期以来，我国把教育看作是为社会输送合格的专业人才的手段，因而专注于对学生进行知识的传授和技能的培养，专注于学生智力方面的培育和开发。这种培养模式造成了学生全面发展与专业化的分裂、认知和情感的分裂、科学认识与艺术审美的分裂。随着社会的发展、时代的进步，这种工具主义教育目标的弊端越来越突显：各高校不断攀升的大学生自杀事件、研究生投毒事件、学生能力的缺乏等，说明我们的学生无论在心理承受能力、责任感、义务感、道德感等方面，还是在创造力方面均存在严重问题。因此，无论是培养具有国际竞争力的人才，还是培养全面发展的人，重视大学生的非智力因素的培养在当前教育中尤为迫切。

3.教育内容的片面性

人类的"生活世界"由"客观世界""社会世界""主观内在世界"三个部分组成。"客观世界"是由自然事实和事件构成的实体世界；"社会世界"基础上建立起来的一个新世界，是各种各样的社会事实或事件所构成的整体，包括人与人的关系组成的社会网络.如规范、组织、机构等，社会世界的核心是社会规范；"主观内在世界"是个人的内心世界，包括个人的内心情感、体验等。而长期以来，我国的教育向人展示的是一个"知识的世界""客观的世界"，而作为根本的"生活世界"的教育却遗失了。高度制度化的学校，造成了教育与生活的断裂。虽然杜威提出了"教育即生活"，陶行知提出了"生活即教育"，这些年来我们也在大力倡导"教育回归生活"，但仍未能从根本上扭转这种褊狭。教育过于专门的训练使学生无法扩展自己的经验，由于偏重于知识概念、逻辑推理、数理公式等等，在价值、情感、意志、责任等方面缺乏对学生的引导，学生只获得一大套的知识，而缺乏对真实生活的理解，缺乏美感、责任感、情感等，造成生活经验的欠缺和生活的片面化。这种教育的片面性与人的生活、精神的完整性的本质相悖，所以我们必须实现教育的完整性。

4.教育理念的偏颇

把教育窄化为教学，把教学窄化为知识教学。其实，真正的教学过程不只是一个认知性的掌握知识—发展智慧潜能的过程，同时也是一个完整的人的成长与形成的过程，是学生个体生命潜能多方位得以彰显、丰富的过程。由于我们教育目标追求上的偏差，也由于受凯洛夫教育学的影响，我国教育学历来认为，教学过程是一种特殊的认识过程，以认识论作为教学论的依据，"认识论的中心问题从来是，现在仍然是知识增长的问题"。这样，教师就成了只具有知识传递功能而存在的人，成了传递知识的工具。学生则仅仅被看成是认知体，是知识的接受者，是被动的受教育者，而不是具有完整生命的人。师生交往关心的只是促进学生掌握知识，学生的进步只表现为知识的丰富和能力的提高。学生作为完善的有生命的人的其他一切方面被忽视、遏制。以知识教学为唯一目的的师生交往活动，"忽视了人的内心世界的复杂性和人的潜在性，没有看到人不同于动物的能动性和主动性，甚至丧失了教育中贯穿的'主体间性'的教育的爱"，它"必然走向重认知，而不重情感与意志，最终因丧失学生内在的人格和精神世界的丰富性而生出成批的犹如一个模子出来的'机器人'"。

5.如何进行有效的非智力因素的培养

首先，改变对学生的评价体系，鼓励学生个性化的发展，促进学生非智力因素的培养。心理学意义上的个性是指在一定的社会和教育环境下个人稳定的心理品质，它包括两个方面，即个性倾向性，比如需要、动机、兴趣、爱好、信念、世界观等，以及个性心理特性，比如能力、气质、性格等。教育的最大使命就是尊重学生的个性，创造条件促进孩子的发展。

虽然我们教育的目标是"培养德、智、体、美、劳全面发展的人才"，但我们在现实生活中还是仅重视学习成绩，集中在语言符号和数理——逻辑能力的方面，而漠视了人的其他智力潜能，并用一把尺子来衡量和评价所有的学生。在这个指挥棒下，学生关心的是考试，是成绩和分数，整天背课本、做习题，没有时间去发展自己的兴趣、爱好，学生鲜活的个性被扼杀，多样化的发展被遏制。狄尔泰对传统教育中仅把知识作为人才衡量标准的做法深恶痛绝，认为这是"扼杀人的生命的教育"。在这单一的评价标准下，出现的结果是千军万马过独木桥的高度竞争和学生因丧失个性而造成的千人一面。美国心理学家加德纳经过长期的研究，提出了"多元智能理论"，推翻了智能的一元论。他认为个体的智能结构是全面性与独特性的有机结合。"人与人的差别，主要是在于人与人所具有的不同智能组合"。无论是千军万马过独木桥，还是加纳德的智能多元论都迫使我们应从全新的角度审视对学生发展的评价，改变过去只用单一标准评价学生的做法。

外国高校在招收学生的时候，尤其喜欢有个性的学生，强调与众不同和差异性，各种兴趣爱好小组、各种创新发明和各种业余爱好都会受到鼓励。美国提出的个性化教育目标是培养社会需要的体力、智力、情感伦理等各方面得到全面发展的人，同时又是个性鲜明、富有创造性的人。

正如世界上没有两片完全相同的树叶，世界上也没有两个完全相同的孩子。要真正做到个性化教育，首先要承认学生之间的差异性，要尊重学生的个性化的真正需求，并且要为这种多样化的需求创造条件，提供成长空间。要因势利导、因材施教，要在每一个个体独特生命的基础上，提供空气、阳光、水分、养料，使他们自己自由地呼吸、生长，而不是工业化的操作，用统一的规格、统一的标准、统一的技术手段，批量生产出一模一样的产品，正如叶圣陶所说的：教育是农业而不是工业。同时，教育又是宽容的对那些离奇的、"不守成规"、特立独行的行为和观念，教师要有一种包容的心态。对此，英国著名思想家密尔说得好："对于异于常人的个人，不应该阻止他们，而是应该鼓励他们与众人在行为上有所不同。一个社会中所见到的不守常规，是与它所有的创造力、思想活力及道义上的勇气成正比的。"我国高校由于规模都很大，学生人数众多，进行个别化教育任重道远。但正如联合国教科文组织的报告《学会生存》一书中指出的："教育即解放"，教育的任务是"培养一个人的个性并为他们进入现实世界开辟道路""把一个人在体力、智力、情绪、伦理各方面的因素综合起来，使他成为一个完整的人，这就是对教育目的的一个广义的界说"。构建个性化教育，鼓励学生个性化发展，为学生的非智力因素的成长提供肥沃的土壤。

其次，建立亲密、和谐的师生关系，关注学生精神情感方面的需求，关注学生非智力因素的成长。当前，高校师生关系中存在的问题表现为三个方面：一是师生交往严重匮乏，老师上完课就走，很少与学生进行一对一的交流和沟通；二是师生关系异化，学生称自己的导师为"老板"，缺乏民主平等和谐的关系；三是有限的师生交往仅仅是在知识层面上进行的交往。

在古希腊的语言中，教育意味着"引出"，也就是引出一个人来，这一引出的过程就是新人的诞生。当然，人还是那个人，只不过是通过教育，使得一个人成为一个新人，可见教育的力量，正如杜威所说的："因为教育的意义的本身就在改变人性以形成那些异于质朴的人性的思维、情感、欲望和信仰的新方式"。就教育的发展观而言，传统教育是"外铄论"，现代教育是"内发论"。现代心理学的研究表明，儿童的发展既不来自外在的客体，也不源于主体自身先天的潜能，而是在一种不断相互作用中生发出来的东西。换言之，人的发展处于先天和后天之间的"边缘领域气若人的发展处于先天的领域，则需要的是现代教育的开采，但边缘教育诉诸的是交往、对话，通过师生的交往和对话，在对话造成的边缘领域进行不断的生成和创新。剑桥大学一直引以为豪的是他们用烟斗来"熏出"人才。英国的导师经常和研究生进行讨论，导师手持一只丘吉尔式大烟斗，边抽边听边谈，直到研究生的灵感在云山雾罩中被激出，导师就达到了他的目的。学生心头的火花就是这样被烟斗点燃的，一流的人才就是这么被导师的烟斗熏出来的。以上可以看出教育中师生交往的重要性，无怪乎人们评价师生关系是教育这个大厦的基石，基石不稳，大厦将倾。

处于大学时期的青年学生，处于生理变化高峰、社会需求高峰、智能情感高峰，不仅专业上迫切需要得到师长的帮助.理想、信念等人生的各个方面都需要得到老师的指点和引导。当师生之间没有交往或者这种交往变成了权威与服从、统治与被统治的关系的时候.学生所得到的是一种消极的情感体验，是一种被控制感和无助感。师生交往是以语言为媒介，通过对话，达到人与人之间的相互理解和一致。与任何言语一样，师生交往的言语，不仅是知识信息的表达，而且负荷着言语者丰富的情绪、情感，折射出教育交往者的情感、意志、人格品质、人格样态，因此，教育交往的过程不仅是言语的知识信息的表达、倾听、领会、理解的过程，更是交往者"精神的相遇、相通"的过程，更是交往者彼此受言语负载的情绪、情感的熏染、人格感化的过程，而绝非仅仅在知识层面上进行的交往。德国著名文化教育学家斯普朗格认为，"教育绝非单纯的文化传递.教育之为教育，正在它是一个人格心灵的'唤醒'，这是教育的核心所在。"教育的最终目的不是传授已有的东西.而是把人的创造力量诱导出来，将生命感、价值感"唤醒""一直到精神生活运动的根"。所以加强师生之间的互动.建立亲密和谐的师生关系，关注学生精神情感方面的需求，才是教育的真谛，它有利于学生健康成长，有利于学生非智力因素的培养。

再次，积极开展丰富多彩的活动，在活动中培养学生的非智力因素。加德纳的多元智能观把人的智能分为六种，即语言智能、音乐智能、逻辑——数学智能、空间智能、身体动作智能、人格智能（细分为内省型智能和人际智能）。这六种智能存在与表现在人的不同行为和活动中，如语言智能和逻辑——数学智能主要表现在认知活动中，身体动作智能主要表现在身体活动中，而人际智能则主要表现在人际交往中。研究也发现："特定的活动与特定内容的发展之间存在着相关对应性，即特定内容的需要、价值取向、智能发展、情感体验、审美感受等，需要以特定形态的活动去培养""也就是说，人主要在操作活动中发展他作为操作活动的主体所需要的素质，如操作活动的兴趣、价值取向、情感体验、实际活动能力、意志调节力量、审美能力、创造能力等，主体不可能仅在知识学习的活动中发展从事操作活动所需的上述诸种素质要素。"因此，不同类型的活动对于学生智能发展具有不同的价值，同时也存在各自的局限性。

相对于智力因素，非智力因素的培养更需要通过各种各样的实践活动来实现。非智力因素的形成除了要有一定的间接经验、掌握一定的知识基础以外，更重要的是经过亲身操作或实践的磨炼.并形成相应的体验、领悟、经历等直接经验。比如意志：在心理学中是指人们自觉地确定目的，根据目的支配、调节自己的行为，并通过克服困难实现预定目的的心理过程。坚强的意志并不仅仅来自感人的事迹，是只有在长跑、登山这些活动中，当体力几乎全部耗尽而仍然坚持到底的这种亲身实践中才慢慢培养出来的。比如说情感：它是人对客观事物与人的需要之间关系的反映，是人对客观事物是否符合自己需要而产生的一种态度体验。情感的产生具有情境性，当我们在观影活动中面对日本人惨绝人寰的大屠杀时，我们所产生的就是咬牙切齿地恨，所谓触景生情；再比如在构成大学生道德品质的四个要素中，除道德认识外，其余三个要素——道德情感、道德意志、道德行为都是非智力因素.我们对大学生进行道德品质的培养,不能只停留在"孔融让梨"这种道德说教上,更多地需要通过组织公益活动、社会服务等具体的道德实践去陶冶道德情操,养成良好的道德习惯。非智力因素的培养真正体现了杜威的"在做中学"的教育理念。

"人的活动是社会及其全部价值存在与发展的本源,是人的生命以及作为个性发展与形成的源泉。教育学离开了活动问题,就不可能解决任何一项教育、教学、发展的任务。"教育一旦离开了学生的多样而又全面的活动,其功效就会大打折扣。苏联著名心理学家鲁宾斯坦指出:"教育者或者教师企图不通过儿童自己的活动去掌握知识、培养品德,却将知识、品德要求强加到儿童身上。任何这样的企图只会破坏儿童健康的智力发展和精神发展的基础,破坏培养他的个性品质的基础。"教育的过程是让受教育者在实践中自我练习、自我学习和成长的过程,非智力因素的培养尤其如此。精心地组织、正确地引导学生开展多样而全面的活动,为非智力因素的培养提供良好的外部空间,在活动中培养学生的担当、责任、道德、人格等非智力因素。

就实质而言,人的素质具有高度的整体性。从理论的视角,我们可以把人的素质划分为智力因素与非智力因素,但在现实中很难将二者区分开来,两者是你中有我、我中有你的共生关系。我们只有从两者的相互关系中来研究和把握各自的特点与规律,以期培养全面发展、具有完美人格的高素质的人。

五、大学创新创业教育基本方略

大学生创新创业教育是全面实施素质教育,推动高等教育内涵式发展的重要途径。在当前新的时代要求、新的教育形势下,社会实践经验如何规划,树立什么理念,建立什么机制,是高校共同面临的重要问题,在90多年的长期办学中,南开大学一直坚持创新创业实践育人的传统,形成了"公能"特色的素质教育体系。

中共中央、国务院《关于进一步加强和改进大学生思想政治教育的意见》(中发〔2004〕16号)明确指出,"社会实践是大学生思想政治教育的重要环节,对于促进大学生了解社会、了解国情,增长才干、奉献社会,锻炼毅力、培养品格、增强社会责任感具有不可替代的作用。"进一步肯定了创新创业社会实践对学生成长的重要意义。教育部等部门在2012年年初出台了1号文件,提出高校的实践育人工作,是"把社会主义核心价值体系贯穿于国民教育全过程,深入实施素质教育.大力提高高等教育质量的必然要求。"强调了创新创业社会实践在高等教育中的重要地位。党的十八大报告在"努力办好人民满意的教育"章节,又专门强调了要"培养学生社会责任感、创新精神和实践能力"。

1.创新创业教育是加强学生思想政治教育的必要渠道

理论教育和实践教育相结合是大学生思想政治教育的根本原则。当代大学生的特点是思想容量深、马列基础薄，求知欲望强、辨别能力差，可塑性较大、自我修养低。创新创业社会实践活动能够把课堂的思想政治教育与当代中国的基本国情教育有机地结合起来。大学生在参加社会实践活动中.深入了基层，接触了实际，视野更加开阔，思想更加成熟，方向更加清晰，特别是深化对党的路线方针政策的认识，意志更加坚定。因此，创新创业社会实践活动是引导青年学生全面发展的有效途径，是当代大学生实现社会价值的舞台，也是学校思想政治教育水平的综合体现。

2.创新创业教育是提高学生综合素质的必由之路

青少年的成长过程是一个不断社会化的过程，创新创业教育实践活动是联系学校和社会的桥梁和纽带。大学生深入基层、深入农村、深入西部、深入群众开展社会实践活动，可以让他们融入社会、适应社会，明确社会实际对自身素质的要求，激发他们的社会责任感和发展紧迫感，培养自强自立和艰苦奋斗的精神品格，促进他们掌握立命、立身、立业的本领，实现德、智、体、美、劳全面发展。

3.创新创业教育实践是深化专业理论学习的有效举措

课堂教学是以间接经验为主要内容的认识教育，有一定的片面性，而创新创业社会实践可以让学生获得更多的第一手资料.形成知识社会化的完整循环。此外，学生通过在实践中读"无字之书"，能够掌握课堂上和书本里学不到的知识，促进他们更好地理解和消化专业理论，还可以促使学生对所学到的知识进行重新思考，提高分析问题的能力，并在解决中进行创新，从而促进知识的完善和能力的提高。有的学校举办的与专业教学联系密切的科技培训咨询活动、技术研发推广、扶贫助困活动等，成了课堂教学的延伸和补充，对学生科学知识的扩展、专业思想的巩固、专业技能的培养与提高起到了极为重要的促进作用。

4.社会实践是服务学生就业的主要途径

学生们带着目标去实践，带着问题开展研究，通过具体丰富的创新创业实践活动检验自身的思想政治素质是否能达到经济社会发展的要求，文化知识结构是否能满足科技发展的需要，开拓竞争的意识是否能适应现代化发展的趋势。通过亲身的体会，能够及时总结思想和学习的经验与不足，及时调整学习方法，优化知识结构，进一步提高组织管理能力、社会交际能力、心理承受能力，同时也能在实际工作中积累一定的职业技能，从而大大缩短走向社会后的适应期，对于顺利实现就业和自主创业都能奠定坚实的基础。

第三章　高职院校创新创业教育实践探索

社会主义市场经济体制的确立和完善，对高校人才的培养提出了新的要求，素质教育的实施便是为适应这种形势而被提上十分重要的地位，它与侧重于书本知识的积累、追求卷面高分为目的的应试教育相对立，突出了知识的运用，注重对受教育者综合能力的培养和综合品质的塑造。因而，是否实现向素质教育的根本性转变，直接关系到所育人才的质量，关系到所育人才的竞争能力。

第一节　加强校园文化建设，促进学生创新创业素质发展

对于在校园文化建设中发挥主力军作用的高校团组织，如何围绕学校育人中心工作，深入贯彻素质教育宗旨，促进学生全面发展，成为一项重要课题和任务，谨此简做探讨。

一、从基础素质教育着眼，培养学生各种基本能力

我国高校毕业生就业最终要走向市场.只有各种基本能力较强、发展较为全面的毕业生，才有较强的竞争力。因此，在校园文化建设中应把学生综合素质的培养作为重要内容。高校团组织不是教学单位，在学生专业技能的培养中处于从属地位，那么重点应放在培养学生参与社会生活的其他基本能力，如语言表达能力、社交能力、组织能力、心理承受能力等方面.积极拓展各种渠道，完善各种载体，建立健全激励机制，紧紧扣住提高学生的基础素质做文章。

增强校园文化活动的知识性、艺术性，提高层次和品位。校园文化活动是学生锻炼能力的重要载体。开展丰富多彩的校园文化活动，努力提高活动质量，吸引学生广泛参与，使其在这些实践性较强的活动中培养各自的特长和兴趣，是校园文化建设服务于学生素质发展的主要方式。只有校园文化活动比较丰富，活动

质量比较高，才能吸引更多的学生参加，在活动中受到锻炼和熏陶。

加强学生社团建设，为学生锻炼能力创造小环境。学生社团是大学生接触社会、提高某一方面特长的重要组织，在学生成长中具有独特的地位和作用。按照"扶植重点、鼓励一般、限制个别"的思路，要重点扶植演讲、书画、文学、艺术、英语等知识、科技、智能、艺术型社团，对它们加大投入，并帮助他们聘请指导老师，对其主要干部定期进行培训，创造这些社团与校外交流的机会。对于娱乐型社团，给予适当鼓励；对于个别学生社团，要予以必要的规范和严格限制。

建立有效的激励机制，引导学生多方面发展。围绕学生素质发展的不同方向分别制定奖励办法，对校园文化、科技各类活动中表现突出或组织工作优秀的学生给予表彰，而引导学生在各个方面提高自身素质、锻炼基本能力是关键因素。要在校园中确立有效的激励机制.努力营造一种注重素质发展和积极参与的良好氛围。

二、加强学生德育工作，提高学生思想道德素质

提高学生的政治思想素质与道德素质，是校园文化建设的又一项重要任务。优秀的人才孕育产生于良好的校园文化环境，那么校园文化建设一方面要服务于复合型人才的培养，另一方面要大力推进德育工作，从培养社会主义建设事业的建设者和接班人的高度，塑造青年学生的人文精神，培育"德才兼备"的合格人才。

1.用马列主义构筑青年一代的强大精神支柱

马列主义是指导我国改革开放和现代化建设的强大思想武器，青年学生只有学好马列主义，正确认识社会发展规律，树立正确的世界观、人生观、价值观，才能肩负起时代赋予的重大历史使命。要充分利用业余党校、业余团校、马列主义学习小组、邓小平理论学习小组等渠道和组织，深化邓小平理论学习活动。在学习中要善于结合与学生密切相关的问题展开学习讨论，明确成才的方向，树立共同的社会政治思想——建设有中国特色的社会主义。

2.抓住焦点问题

抓住焦点问题，采取多种形式，帮助青年学生树立科学的世界观、人生观和价值观。德育工作中，把理论与实际问题紧密结合，及时捕捉社会上校园内的焦点问题，组织学生开展讨论，围绕学生关心的问题，聘请校内外专家、学者做报告、搞讲座，帮助解决学生思想疑难，引导学生端正人生观、就业观，帮助他们在人生价值中准确定位往往更有收获。

3.充分发挥大学生社会实践作用

引导学生在识国情、献爱心、做贡献中增强社会责任感和历史使命感。社会

实践是促进大学生政治上、业务上成熟与发展的重要途径，是大学生走与工农相结合成才之路的重要教育形式。为进一步深化社会实践活动，引导大学生在社会大课堂中做贡献、长才干、受教育，提高思想水平和认识能力，一是要努力争取把社会实践明确纳入办学指导思想和工作计划，确定其合理的地位；二是要加强对社会实践规律的研究，认真对其加以指导，注意把社会实践活动与青年志愿者行动、社会援助行动统一起来，引导学生在做贡献中识国情，增强历史使命感和时代责任感；三是要加强社会实践基地建设，努力实现社会实践活动的正规化和经常化。

三、把握时代方向，贯穿"竞争"主线，强化现代意识

未来社会对人才的要求不仅要有较强的政治思想素质、现代科学文化知识和实际动手能力，还必须具备现代意识，其中竞争意识居为首位，其次还包括法制意识、效率意识等。

1.引入竞争机制，学生干部择优上岗

随着社会主义市场经济的发展，竞争机制渗透到社会生活的各个层面。校园浓厚的竞争氛围对学生步入社会、适应大环境、增强主动参与意识和心理承受能力，必将产生积极的影响。在学生会、学生社团干部选拔中可以注入竞争机制，公开竞选主席或会长，公开招聘其他干部。通过竞争上岗的干部能力强、意识新、开拓性强，会使学生组织呈现勃勃生机。

2.培训现代专项知识和技能，适应瞬息万变的社会发展

交流的日益频繁，社会的信息化，使以外语和计算机为代表的现代专项知识和技能成为未来人才素质构成的必备条件。因此，积极开展以外语和微机为代表的现代专项知识和技能的培训班、讲座，营造学习氛围，对于深化学生这些知识和技能的掌握必将产生积极的促进作用。

3.面向未来社会迅速发展的要求，强化现代意识

竞争、法制、创新、效率、民主等现代意识是未来高级人才必备的心理素质，因此在校园文化活动中，注重形式与内容的精心设计与安排，强化现代意识的渗透，会对学生产生潜移默化的影响。

总之，高校团组织在校园文化建设中贯彻素质教育宗旨，主要途径在于广泛开展校园科技文化活动，以活动为培养载体.提高载体效能，为学生锻炼实际能力创造各种条件和机会，为学生的素质发展提供务实的服务。

第二节 加强大学生艰苦创业精神的教育

伟大的创业实践需要伟大的创业精神。建设有中国特色的社会主义是新的创业，需要保持和发扬艰苦创业精神。

一、培养艰苦创业精神是实现中国梦的重要思想保证

青年是国家的未来和希望，是21世纪国家建设的主力军。他们肩负着承前启后、继往开来，把祖国建设成为富强民主文明的社会主义现代化强国的历史重任。"他们的思想道德和科学文化素质如何，直接关系到21世纪中国的面貌，关系到我国社会主义现代化建设战略目标能否实现"。我国的改革已到攻坚的关键时刻，还有不少难关等待我们去克服。

党和国家的领导人历来对青年抱有极大的希望。毛泽东同志的著名论说："世界是你们的，也是我们的，但是归根结底是你们的。你们青年人朝气蓬勃，正在兴旺时期.好像早晨八、九点钟的太阳，希望寄托在你们的身上。"邓小平同志也常说："哪一天中国出现一大批三四十岁的优秀的政治家、经济管理家、军事家、外交家就好了。同样，我们也希望中国出现一大批三四十岁的优秀的科学家、教育家、文学家和其他各种专家"。

加强对青年艰苦创业精神的教育是社会主义精神文明建设的内在要求。社会主义精神文明建设的目的是培养有理想、有道德、有文化、有纪律的社会主义新人，要提高全民族的素质，保持和发扬艰苦奋斗的精神是主要内容之一。艰苦奋斗是成就事业的强大精神动力，而挥霍浪费、贪图安乐则是导致事业停滞、民族及政权衰亡、个人堕落的精神鸦片，必须坚决抵制。

目前，从青年大学生总的状况来看，他们具备许多优点：他们比父辈有更高的文化知识，精力充沛，有理智，接受新生事物快。在市场经济大潮的影响下，他们思想活跃，很少保守，有较强的竞争意识和进取精神。相比之下，他们之中也存在一些不足，如缺少艰苦生活的锻炼，对复杂社会缺乏必要的亲身体验和心理准备，对老一辈艰苦创业的优秀传统体会不深。有些青年大学生认为现在生活条件好了，不必再提艰苦创业了。主要表现在以下两个方面：第一，学习上怕苦怕累，缺少拼搏精神。有的同学觉得高中时拼死拼活地学习是为了考上大学，现在大学考上了.可以松一口气了。学习的目的不是为了追求知识而是为了混文凭。第二，事业上缺乏责任感，只想追求实惠。现在有一些大学生关注毕业后的实际问题，当然，这问题也是应该关注的，但是有些人过分关注，专业选择、发展的方向、竞争的手段、目的都盯住一个"钱"字。对"人不为己天诛地灭"的极端

个人主义相当崇拜。这些问题存在的原因是多方面的.除主观的因素之外.主要还有几方面：

（1）社会风气的影响。随着改革开放，西方形形色色腐朽的生活作风和思想乘虚而入，宣扬及时行乐，贪图物质享乐，使涉世不深的一些青年大学生丧失了理想，瓦解了斗志，个别的人走向堕落，特别是党内个别干部经不起"糖衣炮弹"的袭击，堕落成为腐败分子.对大学生有较大的负面影响。

（2）"教育上的失误"。由于前一时期忽视了思想道德方面的教育，致使相当一部分人的思想道德水准滞后于经济发展的速度.使得一部分青年大学生对思想道德观念模糊.是非界限分辨不清。邓小平同志指出"最主要的一条是，在经济得到可喜发展，人民生活水平得到改善的情况下，没有告诉人民，包括共产党员在内，应该保持艰苦奋斗的传统。

（3）舆论的误导。随着一部人先富起来，形成特殊的高消费群。各种宣传中较多地注意到"高消费"层次，使青年大学生以为这就是消费的方向，盲目去追求。

总的来说，有少数大学生的头脑中存在着淡化艰苦奋斗精神的思想或对艰苦创业精神不能完全正确理解。

二、正确理解艰苦创业精神的深刻内涵

艰苦创业精神不仅表现为日常生活中艰苦朴素、勤俭节约，更重要的是指为实现伟大目标而勇于克服困难、勇于拼搏的顽强精神和行为，最深层次是指为了民族、国家、人民献身的一种责任，一种奉献精神。它是远大理想和顽强意志有机统一的精神，是科学的人生观、价值观和积极向上人生态度的具体体现，是社会主义建设强大的精神动力。对于青年大学生来说，表现为生活上的艰苦朴素和学习上的刻苦钻研、顽强拼搏。

艰苦创业的实质，是对社会的责任。这是对祖国的献身精神.也是艰苦创业本身的价值体现。每个生活在社会中的人，总有相应的责任与权利，一个对社会有用的人首先应该想到的是责任，是应尽的义务，这样社会才会进步。因此，一个有辉煌人生的人，必定是保持艰苦创业作风的人。人总是要有一点精神的。

我们伟大的社会主义现代化创业实践，需要伟大的创业精神来支持和鼓舞。这种精神是我们国家和民族走向更兴旺、更强盛、更加光辉未来的根本动力，是其他力量所不能替代的。在新时期、新形势面前.我们只有保持和发扬艰苦创业的优良传统，才能建设中国特色社会主义的伟大事业。

艰苦创业的关键是创业。艰苦创业包涵了艰苦和创业两个不可分割的部分。艰苦是创业的手段。当今世界的竞争，从某种意义上说，是人才的竞争，而人才

的竞争，关键是创造能力的竞争。忽视创造能力的培养，是以前我们大学教育的弱点之一。我们要赶超世界先进水平，不仅要保持我们的优秀传统，学习西方先进的科技和管理，还要有创新意识，要让西方的科技和管理结合中国的实际，产生新的设想、新的技术发明。没有创业，只想守业，是不可能守住业的，最终将被历史淘汰。历史已注定处在创业阶段的这几代人，为了民族的复兴，为了祖国的强盛，必须付出更多的艰辛、享受更少的安乐。

三、对青年大学生进行艰苦创业教育的有效途径

一是自觉学习，树立"三观"，抵制不良影响。只有从根本上解决世界观、人生观问题，牢固树立群众观点，才能使党的艰苦奋斗的好传统在自己的思想作风上真正扎根。如果平时不注意学习，思想懒惰，就会分不清哪些东西是好的，哪些东西是坏的，哪些应该抵制.哪些应该倡导，脑子里没有正确的是非观念就会迷失方向。我们要看到发展社会主义市场经济.对于发展生产力、促进社会进步、加强社会主义物质文明建设具有重大的意义。但市场经济存在着难以完全避免的自发性、盲目性及追逐个人利益、本位利益的倾向，对社会、思想道德建设产生负面影响。以至某些人产生极端个人主义、拜金主义、享乐主义思想。艰苦奋斗和创业精神正是我们清除自身消极因素，抵制腐朽的极端个人主义、拜金主义、享乐主义的清洁剂和防腐剂。我们只有继承和发扬艰苦创业的优良传统，在改造客观世界的同时，改造我们的主观世界，才能自觉抵制腐朽思想的侵袭，永远立于不败之地。

二是要正确认识基本国情。认识社会主义初级阶段的长期性、艰巨性。邓小平同志说："中国搞四个现代化.要老老实实地艰苦创业。我们穷，底子薄，教育、科学、文化都落后，这就决定了我们还要有一个艰苦奋斗的过程。"他还说，提倡艰苦创业，"可以振奋起整个国家奋发图强的精神，把人民团结起来，就比较容易克服面临的各种困难"。我们是社会主义国家，社会主义本质决定了我们国家的发展、我们国家的繁荣昌盛不能像资本主义国家那样去剥削本国的劳动人民和掠夺别国的财富去实现，只能靠我们自己的努力，进行艰苦创业，靠我们辛勤的劳动去创造。我们的国家现在还不富裕，即使将来我们的国家富强了，赶上了中等发达国家的水平，我们仍然需要发扬艰苦奋斗的革命精神。因此，我们要充分认识建设中国特色社会主义的长期性、艰苦性，牢固树立艰苦奋斗、自强不息的思想。

三是积极参加社会实践，增强建设祖国、振兴中华的责任感。随着改革开放的深入发展，全国人民的物质和文化生活水平都有了很大的提高，但是一切有志有识的青年大学生，一定要严格要求自己，认识到中国的发展还不平衡，我们有责任和义务建设祖国，振兴中华，"先天下之忧而忧，后天下之乐而乐"。一个青

年大学生，除了认真学习科学文化知识，顽强拼搏，以准备建设社会的本领之外，还要以先进典型为榜样，对照自己，找出差距，制订措施，投入到社会实践中去。像利用寒暑假到基层去，到农村去；了解社会，认识社会，服务社会。当然，家庭、学校，社会也要从各方面关心他们，创造良好的环境氛围。

社会主义现代化事业要靠一代人矢志不渝、连续不断努力。在这中间，青年大学生是关键，当代青年能不能把艰苦创业的精神接过来传下去.发扬光大，是至关重要的大问题。我们只有加深学习邓小平理论、"三个代表"思想和科学发展观，紧密团结在以习近平同志为核心的党中央周围，大力发扬艰苦创业的革命精神，励精图治，知难而进，自强不息。

第三节 大学生创新创业教育品牌活动的实践与长效机制

大学素质教育品牌活动是在学校的统一领导下，以特定的团队为组织基础，以提升大学生综合素质为目标的，有一定代表性和影响力的活动形式。在大学素质教育品牌活动的创建与实践过程中，安徽新华学院不仅始终将"以学生为本"作为素质教育品牌活动的出发点，始终以先进的文化理念为依托开展素质教育品牌活动，而且建立起了确保大学素质教育品牌活动长效开展的组织领导机制和评估奖励机制，在切实提升大学生知识和能力水平、提高人格修养方面发挥了重要作用。

近年来，学术界在大学素质教育理论研究层面取得了丰硕的成果，而且不少著作、论文蕴含着先进的教育理念和新颖的育人观点。相比之下，学者们在大学素质教育实践层面开展的具有实效性、指导性意义的研究成果却略显不足。优秀品牌活动是大学素质教育重要的实践载体。因此，总结大学素质教育品牌活动顺利开展的长效机制，既是丰富大学素质教育实践性研究成果的必然选择，也是进一步指导实践的内在要求。

一、素质与素质教育的基本维度

2012年素质教育作为"中国大学对应试教育进行深刻反思之后的一次觉醒"兴起于大学校园。那么，什么是素质与素质教育呢？所谓素质，是指人的整体生命质量。因此，素质教育即是为提升人的生命质量，通过适当的教育和影响使人们形成各种优良特征的教育理念与教育模式。显然.这里所指的"优良特征"既是素质的构成要素，又是我们开展素质教育的基本维度。关于这一方面论题，目前学术界尚未形成相对一致的结论，其中代表性观点是英国心理学家艾森克的三维度说。有学者认为，素质教育旨在使学生形成优良的学识特征、能力特征和品牌特征.其中，学识特征包括基本的知识、技能、思想和活动经验。有学者认为，素质教育主要维度由观念、品格、方法、能力和知识五大体系构成，而且观念体系是五大体系的核心体系。显然，尽管学术界对于素质教育基本维度的认识存在不同程度的差异，但切实提升人的知识和能力水平、提高人格修养始终是素质教育关注的不变焦点。

2013年，教育部、中宣部等部门联合颁布了《关于进一步加强高校实践育人工作的若干意见》，强调"进一步加强高校实践育人工作，是全面落实党的教育方针，把社会主义核心价值观贯穿于国民教育全过程，深入实施素质教育.大力提高高等教育质量的必然要求"。显然，实践育人是实施素质教育的重要手段，而从"实践"指向"人的行为"的本质属性来看，实践育人工作的开展必然离不开系列活动的支持，尤其是优秀品牌活动的支持。因此，优秀品牌活动也应是大学素质教育重要的实践载体，它承载大学素质教育使命的活动形式.是联结大学素质教育与实践育人工作的桥梁，更加是提升大学生知识和能力水平、提高人格修养的有效途径。那么，什么是大学素质教育品牌活动呢？

二、大学素质教育品牌活动的内涵

"品牌"一词，最初多从企业角度，用以标识某种商品或服务有别于其他商品或服务的名称或符号，独特性是其属性之一。目前，"品牌"已不再是企业的专有名词，而是泛指具有代表性的事物。从这个意义上来看，大学素质教育品牌活动应是在学校的统一领导下，以特定的团队为组织基础，以提升大学生综合素质为目标的有一定代表性和影响力的活动形式。具体来说，我们认为大学生素质教育品牌活动蕴含着如下三个层面的内涵，分别是：

（1）从创新创业"品牌"的属性角度讲.必须是具有引领作用，有一定代表性和影响力的活动。这要求品牌活动需要在实现自我发展的基础上，引领他人的发展，甚至对某一领域、某一层次上的群体发展具有影响力，起到推动作用。

（2）从"素质教育"的目标角度讲，大学创新创业教育品牌活动必须以育人为第一要务，应是具有育人实效的活动。这要求创新创业品牌活动对于大学生知识、能力水平和品格修养的一方面或是几方面具有良好的育人效果。

（3）从"活动"发展底蕴的角度讲，大学创新创业教育品牌活动必须有坚实的文化根基和稳固的文化底蕴。因此，大学创新创业教育品牌活动具有的育人功能，其本质并不在于活动本身，而在于活动本身所蕴含的文化内涵。很显然，活动是文化的载体和表现形式，文化的建设与创新则是活动内涵得以拓展的必要条件。换言之，为了使承载素质教育使命的品牌活动更加富有生命力，更能体现深刻的育人价值意蕴，就必须将社会核心价值观、大学文化、学科文化、团队文化等精髓融入其中。

三、大学创新创业教育品牌活动实践经验

在明确大学创新创业教育品牌活动内涵的基础上，结合我校素质教育品牌活动创建的实践，主要谈谈如下两个方面的经验。

一是将"以学生为本"作为创新创业教育品牌活动的出发点。有学者指出，当今素质教育获得广大赞誉的奥秘并不是基于其实践优势，而是基于道德和逻辑优势。而这里所谓的"道德和逻辑优势"，恰恰源自由这一概念的展开所引发的人们对教育真义的反思，包括对教育中受教育者主体地位的肯定、对受教育者能力的关注和独立人格的需求，以及对实现受教育者成功目标、人生价值诉求的回应和关怀。从这个意义上说，素质教育是一种以学生为本、以促进学生发展为根本的教育思想和实践过程，还是一种以培养学生适应社会并能在激烈的社会竞争中成就事业所应具备的成功素质为目标的教育理念和教育模式。此外，《国家中长期教育改革和发展规划纲要（2010-2020年）》的颁布实施又明确指出了我国教育改革发展需要紧密围绕"坚持以人为本、全国实施素质教育的"的战略主题。因此，无论从创新创业教育的诞生背景和学理基础来看，还是从教育改革发展的政策导向来看.创新创业教育都必须以"以学生为本"为根本宗旨，而素质教育品牌活动的实践过程也必须充分体现这一主旨思想。

新华学院素质教育品牌活动的开展正是将"以学生为本"作为出发点，以大学生为主体。以大学生自我管理为主要的活动参与方式，提升综合素质。在此过程中，大学生为了实现创新创业活动的目标，需要经过合理的自我设计、自我学习和自我控制等环节，以收获个人的自我实现和全面发展。如前所述，大学生工作室和创新教育基金项目是学校创新实践教育与大学生素质教育实施的重要载体，也是大学生自我管理、提升能力素质、自我实现的重要平台。大学生工作室是以育人为目标，以兴趣为基础，以项目为牵动，以成果为标志的学生创新团队，而创新团队的建设与活动过程主要由学生自主决定做什么、为何做、怎样做，由学生自主完成工作室管理、项目实施、成果总结与申报等工作。另外，大学生创新教育基金项目也是以大学生为主体、通过科技立项的形式，由学生申报、学校评审，利用学生课余时间完成课题研究工作的学校最高水平的大学生创新实践活动项目。

二是以先进的文化理念为依托开展创新创业素质教育品牌活动。正如前文所言，大学创新创业教育品牌活动必须具有坚实的文化根基和稳固的文化底蕴。因此，以先进的文化理念为依托开展创新创业教育品牌活动是学校素质教育品牌活动实践过程中总结出的又一经验。

（1）以大学文化理念引领大学素质教育品牌活动实践。大学文化是大学发展的灵魂与内在动力，也是大学一切育人活动的内涵指向。从共性上具有学校特色的大学文化具有四层次建构体系，其中"让每个人都成功，让每个人都快乐"的核心文化理念和"一切为了学生成长、成人和成才"的学生观，始终指引着我们创新创业教育品牌活动的创建与实践过程。譬如，学校学生工作者创建的包括以课堂为载体的学困生帮助体系、以大学生创业企业孵化中心为平台的经济困难学生帮助体系、以爱心为辐射的家庭贫困生帮助体系、以一对一谈话制为保障的行为困难生帮助体系的学生四项支持体系，正是秉承学校"一切为了学生成长、成人和成才"的文化理念.不放弃任何一个困难学生为宗旨而开展的思想政治教育活动，对于引导和帮助困难学生形成正确的人生观、价值观，形成完美人格具有重要作用。再如，"大学生创新教育孵化基地"，明确提出了要"建成覆盖多项专业的大学生工作室，保证每年有以创新创业教育基金项目为代表的相关在研项目。"在让每个学生都在"创新创业"的文化理念指导下.为更多学生，甚至是每个学生搭建参与创新活动的平台，提供成长、成人、成才、成功的机会，在完善大学生学科专业知识体系、培养大学生科学精神与科学思维、提升创新发展能力过程中发挥着重要的作用。

（2）以大学学科文化内涵引导大学创新创业教育品牌活动实践。众所周知，学科是大学最基本的组成单元，专业是学科知识体系分化与社会分工细化的结果，而学科专业教育便是根据国家教育行政部门规定的学科专业划分为大学生提供的专门教育，目的是让学生掌握本学科专业的基本知识和技能，成为该领域的高级专门人才。可以说，大学教育的学科专业性决定了大学创新创业教育及其品牌活动的创建与实践过程也必须以培养大学生的学科专业素质为重点。因此，大学创新创业教育品牌活动的开展既不能绕过学科专业教育，也不能取代学科专业教育.而是应该将创新创业教育的理念和追求渗透到学科专业建设和育人的全过程.以学科专业作为大学素质教育活动的基础平台，以学科文化作为大学创新创业教育品牌活动创建与实践的文化基点，从而培养具有学科发展能力、创新实践能力的大学生。

安徽新华学院十分重视大学生创新创业与学科专业教育之间的彼此结合，以学科文化理念为意图开展大学素质教育活动，并取得了良好的育人效果。如，商学院物流专业连续几年开展文化节活动.以迎新为契机.组织学生开展物流专业实践活动.不仅体现了理论与实践结合、第一课堂与第二课堂互动、主题活动与时代特征的交融、学校教育与社会教育互补的特点，而且集学科专业特色、文化建设、教学实践、思想教育为一体，为提高学生的专业水平、实践能力、思想涵养提供了宽广的学科专业平台和学科文化养料。

三、大学创新创业教育品牌活动的长效机制

我们必须明确的是，大学创新创业教育品牌活动的创建与实践过程不是一个短期的任务，而需要一个长效的机制。

1.坚持先进文化引领，形成大学创新创业教育品牌活动的柔性机制

如前所述，大学创新创业教育品牌活动不应为了活动而活动，而是要将创新创业活动赋予育人的价值与使命。因此，坚持以先进文化为引领，拉动大学生创新创业教育工作的全局，并从根本上纠正师生在创建与实践大学创新创业教育品牌活动中的错误认识问题，是首要的，也是最具根本性的大学素质教育品牌活动保障机制。具体工作中，新华学院在创新创业教育品牌活动的创建与实践过程中有意识地、主动地以现代大学理念、大学精神作为主线贯穿始终，不仅要在创新创业品牌活动中拓展文化内涵，提升文化品位，巩固文化育人与服务功能.而且要使每一项活动的开展都体现大学的文化精神、品味格调，自觉地在正确的价值与文化理念引领下，采用科学的态度、哲学的思维、人性化的情感动机来保障大学素质教育品牌活动的有效开展。

2.实现品牌化管理，完善大学创新创业教育品牌活动的刚性机制

大学素质教育品牌活动的创建与实践过程不仅需要文化的引领，而且需要不断加强和完善活动品牌化体系管理体制。从学校的实践经验来看，主要包括如下两个方面：大学创新创业教育品牌活动的组织领导机制和领导协调机制。素质教育品牌活动要融入高校全员、全程与全方位的教育实践中，就必须要在校领导的统筹领导与各部门的协调配合下开展活动，为此学校成立了以校长为中心、副校长为主任的大学生素质教育研究中心，领导学校素质教育品牌活动创建与实践的整体工作。

3.组织启动机制

素质教育是大学育人体系的重要环节，四个方向协同配合是素质教育活动顺利开展的重要保障，但同时，四个方向本身又具有独特的内在规定性和自主发展性。学校在安徽省教育厅科技处的领导下，专门负责全校大学生素质教育工作。

4.人文社科组织衔接机制

学校将基地与学生处作为基础性平台，因为只有将大学素质教育与学生部相衔接，才能切实保障大学素质教育品牌活动开展的有效性。

5.大学创新创业教育品牌活动的评估奖励机制

众所周知，没有科学合理的评估奖励机制便难以判定活动的优劣与成效、也难以形成鼓励先进、鞭策落后的环境氛围。因此，建立不断完善的大学素质教育中心活动评估奖励机制必然是素质教育品牌活动持续推进、顺利展开的关键环节

和重要步骤。从评估与奖励的角度来说，主要包括如下方面：首先，对素质教育中心活动的评估与奖励，制定了科研奖励的活动载体。其次，对素质教育中心选修课的教师的奖励与惩罚，既调动了教师科研育人的积极性，又有利于大学生素质教育活动得到切实有效的指导。最后，对素质教育中心活动中涌现出的优秀学生的表彰，对在校期间参加学术活动、社会实践、社团工作等各类活动，公开发表论文、文章与作品.获取专利等表现突出的学生给予创新学分奖励。

第四节　应用型大学深化创新创业教育改革的措施探析

二、应用型大学深化创新创业教育改革的措施探析

推进素质教育已经提高到"教育改革发展的战略主题"的高度，深化素质教育改革是中国高等教育当前面临的重要任务。经济全球化时代赋予地方大学推进素质教育新的使命，本章探析应用型大学生化素质教育改革的措施.即人文和科学融入人才培养体系、深化核心课程教学改革、促进创新创业教育、共享交互性在线教育资源、营造良好的校园环境和文化氛围等，以有助于应用型大学进一步深化素质教育改革，完善素质教育体系，促进学生提升综合素质。

近二十年来，在素质教育历练引导下，各大学积极开展了以提升大学生综合素质、能力为宗旨的各类教育实践活动，从素质教育提出初期对知识、能力结构拾遗补阙的普适性教育内容和方式，到今天的健全人格、发展个性的差异化培养模式，素质教育进入了一个新的发展阶段。2010年颁布的《国家中长期教育改革和发展规划纲要（2010—2020年）》中将"推进素质教育"提高到"教育改革发展的战略主题"的高度，素质教育发展的新趋势、终身学习与职业流动的潮流、市场需求多元化的需求，赋予了应用型大学深化素质教育改革新的使命。

因此，应用型大学深化素质教育改革的有效策略应当是：认清当下形式，结合本校实际，有针对地采取有助于学生提升综合素质的措施。

一、当前素质教育的发展趋势

一是人文与科学教育加强融合，人文与科学在现代社会是相辅相成、相互融合的共生关系.简言之，人文是指人类在社会发展中形成的社会道德、价值观念、审美情趣和思维方式，科学是指反映客观世界的分科的知识体系和客观规律。人文教育，不只是人文关怀、精神教化、陶冶情感，也蕴含着求真务实的科学态度、理性的逻辑思维、系统性原则和严密的实证方法等，科学教育不只是具有实用性的工具或技术价值，其本身还蕴含着十分丰富的思想价值、精神价值、审美价值

等。在知识与学科大分化、大融合日益显著的今天，突破传统的学科界限和知识分类，以及面向现代科学前沿领域的新技术创新，使人文、科学学科的融合与渗透成为现代大学适应时代发展的必然方向。经济全球化时代对人才的可持续发展提出了更高的要求——能站在时代和科技前沿，了解、掌握跨学科的知识，既具有专业能力和素养，又兼具人文情怀、科学精神、国际视野的高素质人才，为此，国内一流大学对人文、科学教育予以充分重视，人文、科学教育两翼并重、有机融合，以此夯实科学基础，通过加强人文、科学教育，解决过去在单一学科教育体制下的根基不够扎实、后劲不足的问题，重视伦理道德、人生观、价值观的塑造，培养定性、定量、归纳、演绎的思维方式和跨学科思维能力，为人才今后的多向发展奠定扎实的基础。

二是探索通识课程设计，近年来，在高等教育日益深入的国际交流中，通识教育的思想和实践为我国的许多重点大学所借鉴。一百多年来通识教育在欧美得以快速发展，旨在突破学科界限凝固化、专业划分过细以及单一的技能型或狭隘的专业教育模式，提高学生综合素质和适应能力，更加注重人文精神和科学精神的培养，其目标、方向与我国推行的素质教育改革基本一致；但两者在实践上各有侧重，我国的文化素质教育更强调在课外实践活动（如学术科技活动、社团活动、社会实践等非正式课程）进行拓展。而在通识教育的发展过程中，则始终将课程目标的设定直接服务于"为学生做好就业准备"的目的，从课程体系上重新设计，推出了系列核心课程，不仅对学生修读课程和学分有严格要求，而从教学方式、助教制度，以及对经典著作的阅读、讨论和论文的教学训练上确保核心课的质量，核心课程的各大模块设计和内容，已被国内越来越多的大学借鉴，如北京大学、清华大学、复旦大学等一批名校，均探索和建立了与其科学特点适切的通识课程体系，在通识核心课程体系和教学方式改革上积累了经验，取得了显著成效。

三是强调以学生为中心的体悟，与严谨的专业教育课程体系相比，文化素质教育的切入点和突破口在于各种内容丰富、形式多样的学术性讲座、科学研究、校园文体活动和社会公益活动.多样化的实践活动带给学生有效的直接经验体悟.将他们的个性化需求、专业知识和能力、素养的提升有机地结合在一起。由于强调以兴趣为中心，引导学生发展兴趣爱好，积极主动地投入到实战训练中，培养分析问题、解决问题的能力，因此，学术性活动和实践活动成为扭转过度专业化教育的有效途径。大学通过开展各个层面的学术科技活动、学科竞赛活动、社会实践活动、校园文化建设等，为学生提供促进个性发展、激发潜能和锻炼的机会，积极支持以学生为主导的实践体悟与个性化发展。

四是创新创业教育步伐加快。在世界经济步入全球化的今天，当知识、信息技术和创新型人才的竞争取代传统的资本、能源、产品质量的竞争优势，当代中国的发展，迫切需要推崇创新精神，更需要提升创业能力。大学生作为创新历练的发源地，科学探索的先行者.开展创新创业教育，培养创新型人才不仅是经济社会可持续发展的迫切需求，更是主动参与国际竞争的必要条件和劳动保障。如果说过去对素质教育内涵的理解，其中隐含了对创造力的培养，当前实施的建设创新型国家的发展战略，迫切需要大批创新创业人才的支撑，大学的素质教育对于培养学生的创新精神、创业意识和创业能力的内涵则更加丰富和明确。

五是开放性日益显著。开放性体现在学科之间的互补关系以及大学与社会的互动关系。一方面，由于学科知识的交叉融合，学科和专业垄断现象被彻底打破，学科之间呈现开放与融合互补的倾向，学科之间的交流加深，教学和研究领域均已不再局限于某个学科专业领域.跨学科研究还不断产生新知识和交叉学科，进一步开拓了教学和研究领域。另一方面.大学的使命——人才培养、科学研究、社会服务、文化传承创新，与现代经济社会发展密切相关。素质教育不只局限在大学校园之内.素质教育的溢出效应、形成的价值体系、弘扬的先进文化等不仅使学生直接受益，同样引领社会、造福社会，有助于提升全社会的道德水准。素质教育不是大学独善其身的事业，大学与社会加强联动，共同搭建推进素质教育的社会平台，通过文化再生产活动，直接影响着社会的精神面貌，引导着人们的行为方式，对于形成全社会代表先进思想的价值体系、对中华传统文化的继承和发展都发挥着重要作用。

二、应用型大学深化文化素质教育改革的措施建议

认清素质教育的发展趋势，立足应用型高校实际，本章对应用型大学深化文化素质教育改革提出以下措施建议。

一是人文和科学教育融入人才培养体系。在经济全球化社会发展的时代背景下，人文和科学教育作为普适性教育，看似与专业教育没有必然联系，实际上对人的成长、适应社会有着重要作用。应用型大学的多数学生在进校后，对本科阶段的学习有比较明确的目标-就业或者继续深造，但两者都过于强调了知识的实用性和功利性，而忽略了人才成长发展的一项重要内容。大学教育有必要及时让学生明确大学的学习是为了实现自身全面发展，而非仅仅是掌握一项可以谋生的技能。学习的本质除了掌握专业知识和技能.更重要的是修养的提高、素质的拓展.以及情感、意志、人格及社会性的全面发展与成长，后者正是人文和科学教育的宗旨。大学生在专业知识和技能的学习之外.还应当获取人文与科学知识，熏陶人文和科学精神，认识人的本质，健全人格，学会做人。正如哈佛大学2011年的教学改革报告中所描述的目标，是围绕"学生将成为怎样的人，他们离开学校后要

过怎样的生活"，每一个本科生都学有所得，将他们"在哈佛所学的东西与哈佛之外的广阔世界明确联系起来，帮助他们理解和欣赏世界的复杂性，明确其所要扮演的角色。"只有将人文和科学教育真正融入人才培养体系中，大学才能培养出"知、情、意"相结合的人，兼备人文和科学素养的全面、和谐发展的人，为他们将来的学习和职业生涯提供跨学科的、文理综合的广阔视角.增强未来适应社会变化的能力。

二是深化核心课程教学改革。课程与教学作为直接触及和影响学生学习的教育活动，将素质教育深入课程层面，推行课程教学示范式改革，是激发学生的学习动力和深度学习的主要载体。应用型大学在选修课的建设中，往往只重数量而轻质量，导致选修课水平参差不齐的现象比较突出；缺乏对学生选修课的指导，学生对选修课的学习往往只注重实用价值，停留在获得学分者一层面上。为提高选修课质量，建立一批具有示范效应的通识核心课程，不失为一项付出比较小但收效比较大的举措。以笔者所在的大学为例，由于学校对通识核心课程建设投入了专门的人力、物力、财力，由教学水平、学术造诣高的教授领衔.实行主讲教师资格准入制，一批教学经验丰富的教授、副教授、讲师组建教学团队。通识核心课的授课对象面向非本科的学生，任课教师必须认真研究课程本身的价值与学生的兴趣、社会热点等的相互关系，增强课程内容与学生需求的契合度，与科学思维方式训练融会贯通。由于核心课程的起点高，其教学水平高于其他选修课，受到学生的普遍欢迎。同时，建设核心课也为选修课起到了示范效应和推动作用，对于水平不高的选修课自然而然地形成了竞争和淘汰机制。一些大学还采取专门的激励机制，引进一批高水平博士从事通识教育核心课教学，搭建学科研究平台，积极支持他们开展相关研究。

关于核心课程的体系设计，无论是对理工科学生或是文科学生，不可忽略的一个学科是艺术类。笔者在了解刚进大学新生的需求时.不少新生对修读音乐、美术等艺术课程更加感兴趣，反映出对艺术的爱好和提升艺术审美能力的强烈愿望，这一点充分说明艺术教育在基础教育阶段的缺失，值得大学教育关注。艺术是生活的重要组成部分，美国天普大学的副校长戴海龙，既是一位华裔科学家，同时担任费城华声合唱团指挥17年，他在接受记者采访，谈到音乐与科学的关系时。他认为音乐对每个人都很重要，有着享受或者美化人生的作用，只不过看个人喜欢哪一种类。即使科学与艺术没有必然的内在联系，但两者对于人生有着同样重要的作用。

三是开展获取直接经验的实践活动。素质教育的目标不仅是要突破专业，扭转单一的知识结构，开拓学术视野，同时，在拓宽知识面的基础上，培养学生的科学思维、创新精神以及团队意识。合作精神、交往技能方面，实践活动更多地把学习的自主权交给学生，带给学生的"直接经验"往往比课堂传授的"间接经验"更加深刻、持续和有效。目前，素质教育的实践体系正向多渠道、开放式、规模化方向发展，通过一系列内容丰富、针对性强、易于操作的素质教育平台，充分发挥科技文化活动、学科竞赛、艺术体育活动和创新创业实践等对学生的科学思维训练、能力提升、素质拓展的作用。

四是促进创新创业教育。创新创业教育既有来自学科间的交叉、融合和合作的推动作用，也是满足学生自主性、个性化发展的需要。一方面，日益增强地对跨学科知识的社会需求，促进了大学积极开展跨学科的教学与研究。学科之间的边缘和交叉地带，促进了彼此学科的丰富和创新，往往是产生新知识的领域。与传统单一学科教育体制下的人才培养不同，经过学科交叉、融合模式培养的是有竞争力的创新人才，这也是地方大学选择市场差异化竞争的方法，避开同层次同质化的竞争，主动适应社会对应用型、创新型人才需求的策略。另一方面，大学应当尽力为学生提供发展能力、特长及主动性和创造性的平台，将课程学习与各类科技文化活动、学科竞赛等第二课堂建立在促进个性发展和潜能的基础上，激发他们自主学习和探究的愿望和潜能，尤其是要健全课外创新实践活动体系，使其成为培养学以致用的创新型人才的重要渠道。

五是营造良好的校园环境和文化氛围。现代教育观强调把学习自主权交给学生，构建良好的更具支持性的校园环境与文化氛围，这对于健全学生的人格具有"润物细无声"的潜在作用。地方大学的物质资源条件相对不足，但应当通过改善图书馆、教室、实验室、网络等硬件环境，打造学习校园.为学生充分、自由地享用学习条件和学习环境创造条件，使他们体验学习的意义和乐趣.增强学习的意愿和动力；同时，还应当营造出积极的支持和鼓励学生学习的校园氛围，如管理制度应当为学生在学习生活、职业规划等各方面提供政策支持，为学生参与各种互动性学术与社会实践提供帮助。师生之间积极的互动交流，都将对学生的学习动力、学习兴趣和意义感带来直接或间接的影响，提升学生自主学习的能力，提高学习收获与满意度。

文化素质教育在大学生健全人格、提升能力和素养方面发挥的重要作用，如春风化雨，渗透和影响着成长成才的全过程.希望通过以上措施建议，促进地方大学深化素质教育改革，进一步完善素质教育体系，引导和帮助大学生达成学业进步、人格成长和综合素质全面发展的目标。

自20世纪90年代以来，随着经济全球化信息技术的迅猛发展与创新创业教育的一体化进程，整个世界缩小成为一个"地球村"，世界上不同部分之间交往更加频繁，联系更加紧密，既相互竞争，又相互依存、相互影响。进入21世纪，随着"9.11"等恐怖袭击事件和全球金融危机的爆发，国家之间力量对比此消彼长，不同文明之间冲突四起，人们越来越意识到世界正进入一个相互依赖、复杂变幻、多元共济、机遇和挑战并存的全球化新时代。时代变了，教育也要变才能适应并进一步推动时代的发展。今天，所有国家和地区都要考虑一个问题：如何改革教育以适应全球化时代的挑战。

除来自外部的全球化浪潮的冲击，中国还面临来自内部的自身社会转型的挑战。早在清末同治年间，李鸿章就发出中国正面临"三千年未有之大变局"之惊叹，此即中西文明碰撞、交流和中国现代化转型的大变局。直到今天，这一大变局仍在进行当中，并在30年改革开放之后到达一个紧要关口。因此，中国还要考虑另一个问题：教育应怎样发展才能推动改革开放的不断深化和中国社会的进一步转型。

三、当下的中国需要创新创业教育

创新创业教育是一种注重人的能力和素养全面发展的教育，这正是当下中国所需要的教育，下面阐述几点理由。

创新创业教育是现阶段中国社会和经济发展的需要，自19世纪60年代起，中国在西方坚船利炮的冲击之下开始全面引进西学。1898年建立的京师大学堂在初期的课程只开设了"博通学"和"专门学"两类。民国时期，蔡元培主张"以养成共和国国民健全之人格"为根本，提倡军国民教育（体育）、实利主义教育（科技）、公民道德教育、世界观教育和美感教育"五育并举"，还强调大学必须融通文理、文理并重（《对于新教育之意见》，《教育杂志》第3卷第11号，1912年2月10日出版）。这些都是和当时国际上关于博雅教育的做法一致。1952年院系调整之后，中国大陆教育开始以俄为师、全盘苏化.政治挂帅的意识形态教育和"专才教育"占据了主导地位，博雅教育在中国大陆逐渐消失，社会上也逐渐形成一种重理轻文、智育至上的风气。1977年，教育领域率先拨乱反正，中止了十年的高考制度终得以恢复。改革开放以来，尤其是2001年加入世界贸易组织之后，中国经济保持持续高速增长，与全球体系越来越接轨，对国际化人才和创造性人才的需求也越来越大，原有的以专才教育为主的人才培养模式已经不能适应社会发展的需要了。因此，中国急需大力发展博雅教育以纠正1952年全盘照搬苏联教育模式的后遗症，为社会和经济发展培养更多具有国际视野的创造性人才。

发展创新创业教育也是我国全面复兴的需要，中国在2010年超过日本成为世界第二经济大国，人民生活总体基本达到小康水平。可是，硬件改善了，软件还有差距，中国仍然不能算是一个文化大国。中国在取得巨大经济成就的同时也经受着分配不公、环境破坏、道德滑坡等社会转型的阵痛。中国人不挨打、不挨饿.有钱走出国门了，可种种修养不足的行为还免不了挨骂。如何不断深化改革开放，使全社会共享改革开放的成果，推动经济转型和社会转型，使精神文明和物质文明同步、平衡发展，进一步构建"以人为本""可持续发展"的"生态文明"社会，完成中华民族伟大复兴的伟大使命，成为中国未来必须要面对的挑战。这些，都离不开创新创业教育的大力推行。

发展创新创业教育，一方面是国际上普遍认可的教育理念，已经为台湾、香港和澳门高等教育界普遍接受，中国内地的高校也开始探索试行。另一方面，创新创业教育也与中国传统教育理念相符合，是两岸三地教育界可能取得最大共识的育人理念，为中国传统文化的复兴提供了一大契机。所以，发展创新创业教育将会有利于中国传统文化的复兴，为促进祖国统一大业做出贡献。

四、发展中国特色的创新创业教育

在中国推行创新创业教育，必须要既能考虑到中国悠久的文化传统，又能照顾到中国的现实国情。中国特色的创新创业教育必然要包括对中国优秀传统文化的传承和发扬，先秦的诸子百家，宋明的理学，儒释道的智慧，历朝历代的文学、历史、哲学和艺术，都应该成为有中国特色的创新创业教育的一部分。中国传统教育一向重视践履功夫，强调体认、体知和实践，提倡主客相融、内外兼修、知行合一的体验式学习。这个特点应该得到发扬光大，成为有中国特色的创新创业教育的一部分。还有，中国传统文化中"为天地立心、为生民立命、为往圣继绝学.为万世开太平"的理想，以及养成仁爱博大、与天地万物为一体的完整人格的理念，应成为有中国特色的创新创业教育的指导思想。

此外，中国特色的创新创业教育还要兼顾中国的现实国情，更加有的放矢，这包括中国独生子女一代的性格特点、应试教育的困境，以及现实的社会大环境的影响等等。另外，在思想和价值领域.中国还处于一个艰难的过渡阶段，马克思主义、自由主义和文化保守主义成三足鼎立之势，各呈精彩。中国特色的创新创业教育应能采众家之长，既包括马克思主义对公平的诉求和对弱者的同情，也包括自由主义对民主、自由和宪政的向往，还包括文化保守主义对道德和秩序的追求。

21世纪的中国需要创新创业教育。在今天的中国推行创新创业教育，首先要回应全球化时代的要求，培养具全球视野的国际化人才，因此必然是一种和国际接轨的创新创业教育。其次，还要针对时代危机的挑战。现时代的最大危机是工具理性背弃价值理性而片面发展，带来知识的过度专业化、碎片化、人的物化和工具化，以及人与自然、人与人和人与自我诸关系失衡的文化危机。因此.现时代的创新创业教育的根本是一种关于如何做人，如何培养身心和谐、全面发展的人的创新创业教育。另外，国际化人才要有根，要立足本土化文化的根基，因此必然是一种体现中国文化传统的创新创业教育。最后，还要针对现今学生的特点因材施教，要针对中国社会的现实有的放矢，因此必然是一种考虑中国现实国情的创新创业教育。

第四章 高校创新创业能力教育

第一节 创新意识培养

人类在五千年的文明实践中，不断探索发现并创造历史，从石器、青铜时代到陶瓷、纳米材料，从弓箭时代到操纵火箭导弹，从洞穴小屋到空间站，从烽火台到航天飞机，以及急速发展的电器设备、互联网……在这些辉煌的成就中，人类的创新意识发挥了巨大的作用。

加强大学生创新意识的培养是提升大学生创新能力的前提，是培养创新型人才的起点。

一、创新意识的内涵和特征

（一）创新意识的内涵

创新意识是指人们根据社会和个体生活发展的需要，引起创造前所未有的事物或观念的动机，并在创造活动中表现出的意向、愿望和设想。它是人类意识活动中的一种积极的、富有成果性的表现形式，是人们进行创造活动的出发点和内在动力，是创造性思维和创造力的前提。

大学生的创新意识，是指根据社会和个体生活发展的需要，在学习知识、解决学习和生活中所出现问题的实践中，对问题处理时表现出的意向、愿望和设想，同时推动主体运用变化、组合等创新手段进行探索，获得创新知识与创新能力的一种特定心理状态。它是大学生进行创新活动的出发点和内在动力，是唤醒、激励和发挥人所蕴含的潜在本质力量的重要精神动力。

对大学生而言，创新意识是其创新素质结构中的动力系统，也是进行创新活动的出发点和内在动力。它支配着大学生对创新实践活动的态度和行为，规定着态度和行为的方向和强度，具有较强的选择性和能动性，是大学生创新素质结构中最重要的组成部分。

（二）创新意识的特征

1.新颖性

创新意识或是为了满足新的社会需求，或是用新的方式更好地满足原来的社会需求，创新意识是求新意识。

2.历史性

创新意识是以提高物质生活水平和精神生活水平的需要为出发点，而这种需要在很大程度上受具体的社会历史条件制约，在阶级社会里，创新意识受阶级性和道德观影响制约。人们的创新意识激起的创造活动和产生的创造成果，应为人类进步和社会发展服务，创新意识必须考虑社会效果。

3.差异性

个人的创新意识和他们的社会地位、环境氛围、文化素养、兴趣爱好和情感志趣等方面都有一定的联系，这些因素对创新意识的产生起到重大的影响作用。而这类因素也因人而异，因此，对于创新意识既要考查社会背景，又要考查其文化素养和志趣动机。

二、创新意识的结构

创新意识同其他任何事物一样，也有其自身的结构。如果对其"结构"茫然，而想有效地去做用它、改变它，就会事倍功半。这也是不少单位或个人虽然重视增强创新意识，但是有时效果并不令人满意的原因之一。

创新意识贯穿于创新的全过程，剖析创新实践，总体来看，其结构主要包括以下五个方面。

（一）动力意识

人们为什么渴求创新？为什么会忘我地致力于创新？总有一种推动的力量，这就是创新的动力问题。创新动力意识在创新意识中处于关键性的地位，思想根本上没有想到要创新或者把创新看成可有可无，当然不会有创新行动或者不会有强烈的创新行动，是什么推动人们去创新？从根本上说，就是意识到了创新的极端重要性。对于创新动力意识，当前理论界有多种动力模式和理论，但概括来说主要集中在客观因素和主观因素两方面。

1.客观因素

第一，社会需要的推动。这种推动作用十分巨大。马克思说过，一种社会实践的需要，对推动科技的进步，胜过一百所大学。比如，当今世界面临资源短缺、环境污染、人口爆炸、能源危机等问题，为了摆脱这种困境，人类在科学技术方面就要不断有所创新。社会需要从原则上说，主要表现为人们生活消费的需要、企业生产的需要和出口外贸的需要。

第二，科技的推动。"生产—技术—科学"，这是长久以来生产技术科学相互作用的机理，但是20世纪这种情况有了很大的变化，出现了生产、技术、科学相互作用的新机理"科学—技术—生产"，即科学走在技术、生产的前面，先有科学理论的重大突破，再推动技术创新和生产的发展，比如，相对论和微电子理论的提出，就带来一系列新技术、新产业的出现。集成电路、计算机等技术的发展，首先要归功于量子理论的提出。再比如，人类基因组研究已经排列出人类基因30亿个碱基对的正确次序，得到了人类生长、发育、衰老、遗传和病变的全部遗传信息，它正在促使生物工程、生命科技发生革命性变革。人们随时都可以感受到，新产品、新科技、新产业正在不断涌现，根据美国学者马奎斯的调查，科学推动技术创新约占技术创新的四分之一。可以预料，这一"新机理"在21世纪必将大大加强。根据这一态势，我们一方面要高度重视基础研究和高新技术的原始性创新；另一方面，要密切关注这方面创新及其开拓技术领域的新动向，"见微知著"，把握好"生产、技术、科学相互作用的新机理"，高瞻远瞩地去增强创新动力意识。

第三，资源的驱动。资源状况对创新的推动作用也不可忽视，比如，当前能源出现危机，必然迫使人们探索、寻找新的能源；当前大量海洋资源空置，必然促使人们在开发海洋资源的海洋科技方面的创新。可以说，资源短缺的替代史，就是一部推动科技发展的创新史，但是应该看到，社会需求的推动包括资源的驱动，只是因为这个方面对创新的推动比较突出，有必要单独提出来加以强调。

2.主观因素

不管是社会需要的推动，还是科技的推动，抑或是资源的驱动，都是着眼于客观因素来观察和思考问题的，但是，仅着眼于客观因素的加强与改善是不够的，还必须从主体方面研究如何增强人们的创新动力意识。

创新主体包括创新个体、创新群体、创新领导和创新组织等，不同创新主体的创新实践有着不同的特点和规律。但整体上对创新主体的推动主要体现在物质动力和精神动力两方面。比如现实生活中如设立重奖、高薪聘请人才、采取技术入股、实行股权期权制等措施均是从物质利益方面去提高人们的积极性，这些无疑是必要的、正确的。但是从精神方面去提高人们创新的积极性绝不能忽视。实践证明：热爱祖国、报效祖国的崇高爱国主义精神和对振兴祖国的崇高的历史责任感，就是一种首要的、强大的、持久的、不可替代的创新动力。此外，精神动力内涵丰富，包括很多方面，除了上述的爱国主义，还有理想信念、爱好兴趣、情感欲望、认知探秘、道德良知、质疑好奇等，这些都可以对创新产生一种动力作用，人们应该自觉地从这些方面去强化自身创新的动力意识。

（二）质疑意识

质疑是发现真理、发展真理的必经环节和过程，英国著名哲学家卡尔·波普尔在《猜想与反驳——科学知识的增长》一书中提出科学发现的"猜想"和"反驳"两大环节。他认为科学发现的具体过程是：第一步，科学家根据问题大胆地进行猜想，努力按照可伪证度高的要求提出假说，使假说具有较多的真性内容，提出假说时无须经验参与；第二步，是尝试性理论，即假说提出后，就进入反驳阶段，这时要根据经验，按照确认度高的要求，用证伪的方法，排除错误，从而保证所接受的理论假性内容少，通过这样的"猜想去反驳"，科学、发现便获得逼真度高的理论。波普尔提出的"猜想与反驳"，具体地突出了"质疑意识"对科学创新的重要性，从一定意义上说明了"质疑意识"是一种贯穿创新全过程关键性的创新意识。

"学起于思，思源于疑"。有疑问才能促使学生去思考、去探索、去创新。因此，高校要鼓励大学生大胆质疑、提出多种解决问题的方案及最佳方法，从多角度培养大学生的思维能力，激励大学生勇于创新的精神。

（三）兴趣意识

兴趣意识对创新有着重大的作用：一是能使人产生一种执着追求的积极性，从而极大地挖掘和发挥自己的潜能；二是能使人的注意力高度集中，能够很好地排除外界的干扰；三是能提供一种长久的驱动力，激发人们从事某项工作或活动的积极性；四是能使人们把艰苦的劳动变成一种享受，以愉悦的身心、饱满的热情去创新。

所谓兴趣，就是积极从事和探究某种事物或进行某种活动的倾向，兴趣是在社会实践中发生、发展起来的，人们在社会实践中可能形成各种兴趣，有由事物本身引起的直接兴趣，也有由事物或活动的目的和任务引起的间接兴趣，有产生于活动过程中而在活动结束后即消失的短暂兴趣，也有成为个人心理特征的稳定兴趣。生活中人们常常要根据需要，有意识地培养某些方面的兴趣，比如，不少家长培养小孩儿的书画兴趣、体育兴趣和歌舞兴趣等。当前创新意识的培养，迫切需要一种创新的兴趣意识，并使之成为稳定的心理特征。

（四）方法意识

有不少创新者的失败，常常不是因为不勤奋、不努力，而是因为思维方法不科学，思想上缺乏一种方法论意识，不注意总结自己的思维经验教训，不注意追踪新的科学方法以改善自己的思维方法。应该看到，随着系统论方法、信息论方法、控制论方法的提出，使我们遵循的唯物的、辩证的思维方法有了新发展。我们要在创新中自觉重视、强调诸如分析与综合、归纳与演绎、抽象与具体、历史与逻辑等思维方法，以及逆向与正向、发散与收敛、反馈与超前、静态与动态、单一与多样、纵向与横向等思维方法。

（五）风险意识

创新常常要闯禁区，挑战常规，违背传统，冲破习惯势力；冒犯权威，触犯一些人的利益；抗拒嫉妒思想的干扰，抵挡争名夺利的诋毁等。总之，创新可能遭受失败，可能会遇到一些意料不到的困难情况，这就要求创新者要敢于面对各种风险，有一种强烈的风险意识。比如，对当前高新科技方面的创新而言，其涉及面广、不可控因素多，创新的风险相应也增大。因此，生活中的众多原因可以导致出现失误，如信息短缺或获取科技前沿信息不足，易造成重复劳动；再比如重视了技术的可行性，而对市场的可行性把握不够。只有敢冒风险才能创新。我国由于长期受计划经济的影响，再加上小生产等社会历史的原因，普遍缺乏风险意识，这种状况应该着力改变，进而为广大创新者创造一个宽松的环境、一个敢冒风险的环境。

三、创新意识培养的意义

对国家而言，创新意识是决定一个国家、民族创新能力最直接的精神力量。如今，创新能力实际就是国家、民族发展能力的代名词，是一个国家和民族解决自身生存、发展问题能力大小的最客观和最重要的标志。其作用主要体现在两方面：其一，创新意识促成社会多种因素的变化，推动社会的全面进步。创新意识根源于社会生产方式，它的形成和发展必然进一步推动社会生产方式的进步，从而带动经济的飞速发展，促进上层建筑的进步。创新意识进一步推动人的思想解放，有利于人们形成开拓意识、领先意识等先进观念；创新意识会促进社会政治向更加民主、宽容的方向发展，这是创新发展需要的基本社会条件。这些条件反过来又促进创新意识的扩展，更有利于创新活动的进行。其二，创新意识能促成人才素质结构的变化，提升人的本质力量。创新实质上确定了一种新的人才标准，它代表着人才素质变化的性质和方向，它输出着一种重要的信息：社会需要充满生机和活力的人、有开拓精神的人、有新思想道德素质和现代科学文化素质的人。它客观上引导人们朝这个目标提高自己的素质，使人的本质力量在更高的层次上得以确证。它激发人的主体性、能动性、创造性的进一步发挥，从而使人自身的内涵获得极大丰富和扩展。

对大学生而言，创新意识在其创新的过程中发挥着独特的作用。首先，大学生创新意识是创新的前提，有利于推进创新、促进创新。人类在改变世界的过程中，意识产生实践，实践活动都是由意识驱动而产生的。我国提出建设创新型国家、提倡创新，也是由于对创新的战略地位有足够的认识。在大学生创新意识的培养，应挖掘创新更深层次的价值，更多地关注意识形态，注重创新意识练习与驾驭角色，增加创新实践。其次，大学生需要创新意识作指导，每一步的创新都需要创新意识发挥指导作用，这样，在创新的过程中遇到一些困难时，学生可以正确地对待困难，及时调整、反思自己。

四、创新意识的培养途径

培养和造就创新型人才是适应经济全球化、促进我国经济转型升级、全面提升我国核心竞争力的必然要求。而创新型人才的培养除了要依靠家庭、学校和社会的外源性动力，同样也离不开大学生自身创新意识提高的内源性动力。因此，丰富和完善创新意识的培养途径对创新型人才的培育具有至关重要的作用。

（一）保证创新意识培养的前提：智力教育

培养学生具有创新意识，最重要的就是开发智力教育。学生接收和积累知识需要面临两个方面的问题：一是外在条件即教育问题；二是内在因素即接收方法问题。大学生求知欲旺盛，精力充沛，抽象思维能力和理解能力较强，记忆力、创造性想象能力都有一定程度的发展。他们对客观世界的系统影响很容易接受。因此，随着经济时代的到来，知识更新越来越快。要培养学生的创新意识，必须重视智力教育。

高校一方面要根据学生的兴趣爱好，积极培养和引导学生从主观上有不断获取新知识的欲望；另一方面，要积极多渠道地开展大学生创新意识与能力培养的研究与实践，不断积累大量信息，并在信息之间的相互作用中形成更多的思维产品。21世纪需要更多的通才，这就要培养学生既要掌握扎实的专业知识，又要具有广博的学识，能通过国际互联网共享全球信息和知识资源，为开拓创新打下坚实的基础。

（一）营造创新意识培养的氛围：素质教育

有了广博的知识，就有了创新的基础。要想真正具备创新意识，还要有培养创新思维综合素质的氛围。传统的"应试教育"向以能力培养为主的"素质教育"的转变就成为教育改革的必然趋势。

推进素质教育是中国特色社会主义教育的主旋律，坚持以人为本、全面实施素质教育是我国教育的基本原则。新时代创新型人才应该具备以下几方面素质。

1.思想道德素质是灵魂

江泽民指出："要说素质，思想政治素质是最重要的素质。不断增强学生和群众的爱国主义、集体主义、社会主义思想，是素质教育的灵魂。……如果轻视思想政治教育、历史知识教育和人格培养，那就会产生很大的片面性，而这种片面性往往会影响人一生的轨迹。"思想政治素质作为创新型人才素质的一个子系统，对其他子系统的发展有重要的规范作用和调控作用，是创新型人才素质的灵魂。创新型人才思想道德素质过硬，就能以积极的态度投入到科学文化知识的学习中，就能坚持健康体魄的锻造和良好心理素质的修炼，为其创新成果的形成奠定扎实丰厚的专业理论基础，提供不竭的精神动力和思想保证。

2.智能素质是基本内容

智能素质是创新型人才素质的基本内容。创新是长期思考和知识积淀的结果，也就是说，人们的知识水平和文化素养能够影响其创新能力。一个人只有掌握了较为扎实、系统的科学理论和精深的专业知识，具有了一定的经验和技能，其创新意识和创新思维才能有所提高。

具体来说，新时代创新型人才应具备以下几项智能素质。

第一，创造性的思维能力。创造性的思维可理解为打破传统的思维方式，突破传统观念，从以片面追求"重知识轻能力"的传统观念中挣脱出来，学会分析问题、研究问题和解决问题，善于打破常规，锻炼敏锐的洞察力和丰富的想象力，使思维具有超前性。有关创造性思维，下一节将具体介绍。

第二，丰富的想象力。丰富的想象力是创造的火种和出发点，是有效创造的基础，是获得新知识的基本工具。由于想象力是在宽厚知识面的土壤中通过多种知识交叉、渗透、综合、相互启发而生的，为此，创新人才除了要在一定领域"专"之外，还必须有广泛的兴趣与爱好，在审美、情操、意趣等方面有所了解与研究，保持、发展好奇心，才能涉猎多方面的知识，为想象的产生奠定基础。同时，任何想象都必须建立在科学与实践的基础上。爱因斯坦说："想象力概括着世界上的一切，并且是知识进化的源泉，严格地说，想象力是科学研究中的实在因素。"具有丰富广泛的知识和科学求真的态度，才能在面对事态时正确地运用想象，大胆地提出可能存在的各种问题，并相应地设想出各种解决问题的可能方法。

第三，独立获取知识的能力。科学技术的飞速发展、专业知识更新的日益加快及学科之间的相互渗透与交叉，使得新时代创新型人才独立获取知识的能力显得尤为重要。在知识和信息大爆炸的今天，知识的发展和更新正在使人类的变革成指数性增长，以知识为基础的革命正在以前所未有的姿态深刻地改变着社会的面貌，学会学习并能及时吸收、灵活运用和迅速更新知识已成为创新人才跟上时代变化、拓新领域及进行创造性工作的重要保证。要想适应社会，直面知识经济时代的挑战，新时代的创新人才就必须掌握独立获取知识的能力，进而不断更新自己的知识结构。

第四，卓越的实践能力。创新要求实事求是。历史上有很多科学家，他们或由于固执己见而与最终的成功失之交臂，或因为虚荣心而不肯承认自己的错误，造成科学史上的冤案。在马克思主义哲学中，实践的观点是马克思主义哲学的基本观点。"创造性实践能力是个体不畏艰辛、一丝不苟、持之以恒地将思维、意识和设计转化为行为，将精神转化为现实的能力。"一般来说，无论科学上的发现还是技术上的发明，都来源于人们的实践。事实上，大多数创新是经过想象、假设、实践三步完成的。实践是创新的源泉，也是人才成长的必经之路。创新人才不仅要勇于提出问题，而且要善于解决问题，具有将设想和创意付诸行动的卓越能力。要创造就离不开实践，通过实践，人们能更深刻地理解知识、运用知识，并能促使人们发现问题，进而探究问题，寻找解决问题的方法。

3.人文素质是物质基础

人文素质是综合素质的基础，创新人才的培养离不开其综合素质的提高。因此，当前高校要避免过分重视考试分数和升学率，而应该注重对传统文化的继承，充分发挥传统文化在人文素质教育中的作用。这既对继承我国悠久的文化历史具有重要而深远的历史意义，同时也能切实提高大学生的人文素质。另外，高校应注重校园文化的发展与提高，为人文素质教育营造良好的环境。应鼓励学生创建各种学生社团、编制报刊，并为其提供必要的条件，积极支持大学生参加文化艺术节、人文知识讲座等，以丰富校园文化活动。良好的人文素质环境，可以激发学生的创新热情和学习激情，调动学生的自主性和积极性，有利于大学生创新意识的培养。

4.身体素质是坚实保障

身体素质是新时代创新型人才素质的坚实保障。科学文化知识和道德修养离不开健康的体魄，如果没有健康的身体，科学文化知识就失去了装载的车子，道德也就失去了存放的处所。换句话说，只有拥有健康的体魄，科学文化知识的学习、人文素质和道德修养的提升才有意义和价值。因此，大学生积极参加体育锻炼，强健自己的体魄，不仅为投身祖国建设、服务人民准备了前提条件，同时，体质增强的过程又可以使创新型人才的心灵得到净化，精/神境界和道德修养得到提升，社会适应性得到调整，真正实现身体和精神的协调发展，为其'他素质的存在和发挥作用提供良好的身体和心理基础。

5.创新素质是核心特征

创新素质是创新型人才素质的重要组成部分，也是创新型人才的核心特征。创新的实质是追求真、善、美的统一，探索"真"的创新活动必须以"美"为心理动力，以"善"为价值导向和行为准则，以促进社会和谐、谋求人类幸福为归宿。创新意识的培养，与创新型人才的价值取向、审美意识和精神面貌有直接的关联；创新素质的提高，是创新型人才思想道德素质、智能素质、人文素质和身体素质完善提升的结果。

（三）奠定创新意识培养的基础：家庭教育

家庭是构成社会的细胞，也是社会不可缺少的一部分，虽然当代大学生已逐步进入学校和社会教育之中，但家庭教育仍然与大学生创新意识培养有密切的关系。合理的家庭教育目标、合理的家庭教育方式，以及民主和谐的家庭氛围有利于为大学生创新意识的培养营造良好的环境。

中国的家庭教育，是非标准的决定权往往在父母手中，往往以父母的看法为准。父母要求孩子听话，若孩子提出自己的看法、反驳父母的观点，往往被视为不尊敬父母，这种错误的观点久而久之在大学生的心灵中也播下了阻碍创新意识发展的种子。在传统压制型、溺爱型家庭教育方式的影响下，大学生从小便养成了思维懒惰的毛病。因此，要合理有效地培养大学生创新意识，应转变家庭教育方式，营造民主型的家庭教育，即在家庭中创造一种和谐、温暖、融洽和民主的氛围。在这种氛围下，子女得到了父母的尊重，便能够积极主动地与父母进行交流沟通，就会主动思考问题，并尝试着想出新颖奇特的主意，使自己的思维方法和行为方式更具独特性。父母要有意识地培养子女的独立自主性，允许子女有自己的想法，做自己想做的事情，久而久之，子女的独立意识得到加强，创新意识自然也得到发展。

家庭教育良好的期望值与大学生创新意识的发展成正比，如果家庭教育对大学生的未来有较高的期望值，即使大学生各方面表现较差，家长依然会提供各种机会，并加以鼓励，肯定大学生的每一点进步，这样，有助于大学生个体创新意识的提高和创新能力的发挥。科学家通过对数学和作曲方面的天才进行研究发现，他们的父母对他们一直寄予厚望，不仅给予热情的鼓励，还为他们寻找最好的教师，鼓励他们考最好的大学，而且家长自己也充满热情地积极参与。这些事实都证明，家庭教育良好的期望值可以促进学生向家长期望的方向努力，促进其创新意识的形成。

（四）激发创新意识培养的内力：个性教育

大学时代是一个自我探索、自我认识的时代。强化个性教育，鼓励、支持和促进大学生创新意识培养个性潜能的发挥，有利于激发培养创新意识的内力。大学生与同龄人相比，其优势是能在高等教育的条件下进行自我探索、自我认识，在学知识的过程中提高自己的认识水平。在进行个性教育时要让他们知道自己的优势与兴趣所在，找到自己的主要支点，确定自己的方向，塑造自我，发展和促进自身的创造力。

重视学生的个性发展，要培养学生的认知水平，建立宽松的育人环境，保持良好的师生关系，努力去懂得识别、承认和保护学生的积极因素，鼓励、激励学生的自我发现和创新，帮助学生处理好个性发展与社会教育的辩证关系，在各项活动中启迪学生思维、发展学生个性、开发学生创造力。

（五）开发创新意识培养的思路：实践教育

培养学生的创新意识，必须注重学生实践能力的培养，因为真知出于实践，手巧才能心灵。学生实践能力的高低是关系到学生能否适应社会、积极开展工作的关键问题。众所周知，我国培养的大学生基础理论和基本训练较好，这是我们的强项；但大学生的创新精神和创造能力却较弱，这是我们的弱项。改革教学方法，加强创新精神和创造能力的培养，是我国高校教学改革的重要任务。要鼓励学生参加生产实践和社会实践活动，积极参加课外科技活动，早日参加教师的科研活动。近些年来，各高校开展的大学生暑期社会实践、生产实践和科学实验，都是较好的实践能力的培养方法。通过这些活动，学生可以从中获取更多的实践知识，萌发灵感，有利于学生创新意识的培养。

第二节　创新思维培养

思维是一种能力，是先天与后天结合、学习与实践结合的综合能力。创新思维是相对于常规思维而言的，是通过新方式处理某件事情或表达某种事物的思维过程。

创新思维是创新能力的核心和基础。创新人才的发展，主要是创新思维的发展。培养创新意识很重要，重要的是应当培养和树立创新思维方式，因为创新思维是实现创新的内在机制和深层动力。

一、创新思维的概念和特征

（一）创新思维的概念

辩证唯物主义认为，思维就是人们对客观事物的理性认识，即在感性认识的基础上，大脑将感觉到的信息加以整理、改造，逐渐把握住事物的本质规律，产生认识过程的飞跃，进而构成判断和推理的过程。思维也是一种能力和技能，可以通过学习研究和操作来完成。思维是对事物的间接和概括认识，因此，具有间接性和概括性两个基本特征，使人能通过思维深入到那些看不见、摸不着的东西当中去，即认识事物的本质属性及规律，所以，思维是反映事物本质属性和规律的一种高级而理性的认识活动。人之所以高于动物，就在于人有思维。

创新思维是指以新颖独创的方法解决问题的思维过程，通过这种思维能突破常规思维的界限，以超常规甚至反常规的方法、视角去思考问题，提出与众不同的解决方案，从而产生新颖的、独到的、有社会意义的思维成果。创新思维是综合运用多种思维方式于思维过程的一种思维活动。这些思维方式包括直觉、灵感、类比、想象、联想、形象思维、逻辑思维和模糊思维等。而且，许多非理性因素和心理过程也参与到创新思维的活动中。

可以预见，创造性思维是未来人类的主要活动方式和内容。历史上发生过的工业革命没有完全把人从体力劳动中解放出来，而目前世界范围内的新技术革命，带来了生产的变革、全面的自动化，把人从机械劳动中解放出来，从事着控制信息、编制程序的脑力劳动，而人工智能技术的推广和应用，使人所从事的一些简单的、具有一定逻辑规则的思维活动，可以交给"人工智能"去完成，从而又部分地把人从简单的脑力劳动中解放出来。这样，人将有充分的精力把自己的知识、智力用于创造性的思维活动，把人类的文明推向一个新的高度。

综上，创新思维的本质在于将创新意识的感性愿望提升到理性的探索上，实现创新活动由感性认识到理性思考的飞跃。它是在常规思维的基础上发展起来的，但它是思维活动中最积极、最有价值的形式，是思维的高级形式，是人类探索事物本质，获得新知识、新能力的有效手段。

（二）创新思维的特征

创新思维主要有以下几个特征。

1.敏感性

敏感性是指具有创新思维者能吸收到常规思维的人常常忽略的信息能力。它能在空间和时间里捕捉住有价值、新颖的信息。这种特性意味着，具有创新思维的人一般很快就会注意到某一件事情中存在的问题。例如，在一个人察觉到某种设备有做出一些改进的需要时，可以有能力看出这种需要。他可能会想到，去发明一种装置来改进这种设备。敏感性不仅表现在会对需要和困难特别关注，还表现在对所遇到的奇特的、不寻常的或令人困惑的事情的察觉上。

敏感性是创新思维的重要特征。这种敏感性不是因为视觉锐利或是视网膜构造特殊而引起的，而是思维起了决定性作用。正如爱因斯坦所说："你能不能观察到眼前的现象，取决于你运用什么样的理论。理论决定着你到底能够观察到什么。"创新思维的目的性、专注性是敏感性的条件。

敏感性要求关注客观事物的差异性与特殊性，关注现象与本质以及形式与内容的不一致性。人们往往对司空见惯的现象和已有的权威结论怀有盲从和迷信的心理，这种态度使人不能有所发现、有所创造。因此，敏感性是创新思维不拘泥于常规、不轻信权威，以怀疑和批判的态度对待一切事物和现象的结果。

2.流畅性

常规思维往往是单向一维的思维，它的目的常常在于寻找一个正确的答案。而创新思维是多向、多维的，往往没有固定思维的方向。它总是先从各个角度去思考事物的功能及其产生的后果，然后要预测所有可能导致的结果。这样我们就能在做出最终决策前，有更多的选择机会，以便我们每个人能做出理智的选择。因此，在进行创新思维时，并不是必须在时间的压力下工作，且必须迅速产生结果；而是在其他条件相等的情况下，人们在每一单位时间内能够形成大量观念，更能产生有重要意义的观念。我们常用"思潮如涌"来形容思路的敏捷性，用"一气呵成"来描述在短时间内迅速地做出众多反应的能力，这实际上就是指创新思维的流畅性。流畅性能产生大量的观念，从而为创新准备了条件。

检验人们流畅性的实验通常要求被测试者在规定的时间内尽可能多地说出各种物体的名称，这些物体都具有某种具体的特性，如：圆的东西、红的东西或可以吃的东西。能说出的东西越多，说明流畅性越强。流畅性主要依赖于记忆中贮存的信息，只有信息量大才能保证心智活动流利畅达、反应迅速。

3.灵活性

创新思维只有流畅性是不够的，如果只是在同一种类型的问题上做出众多反应，那就会形成思维定式，比如说铅笔的用途，就只能说出写字、写信、写文章之类，这样就变得僵化、呆板，不能变通。灵活性是指一个人改变思维定式的容易性，即信息从一种类型转换到另一种类型的能力。一般来说，在众多的反应中，反应的类型越多，灵活性越高。灵活性不只反映思维的广度，还反映思维的维度、多样性。单一不能变通，多样才能灵活。

创新思维灵活性的主要表现为：一是变通力，即能适应变化了的各种情况。变通的类型有性质变通、方向变通、时间变通、空间变通、形状变通、功能变通、蕴含变通等。变通的类型与思维的角度、维度、系统性有关；二是摆脱惯性，这主要表现在思维方向的变化上，意味着不要以僵化的方式去看问题。创新思维者能以不同的方式去应用信息。

4.独特性

独特性是创新思维的本质特征。有一种流行的观点，即："要有创新性，就要有独特性"。它是指创新思维者具有不同寻常的新奇观念，或是任何从未有过的创造性观念。独特性主要表现为：与他人不同，独具卓识。如在思路探索上、思维的方式方法上和思维的结论上，能提出新的创见，做出新的发现，实现新的突破，具有开拓性、延展性和突变性。常规性思维往往是再现式，也就是说，以过去遇到的问题为基础，从过去经验和所学的知识中寻找方法。一般人的创新思维大体是流畅性第一、灵活性次之、独特性最低。对大学生的调查结果表明，独特性得分高者只是少数，只占1/50左右。看来它是最重要而又最难具备的特征。

5.综合性

创新思维是许多因素结合在一起的综合性思维活动。日本著名创造学家高桥诚说："创造性思维的过程是一种身心的综合性劳动，因而单是掌握方法是不能解决问题的，这里既需要具备发现问题的自觉性，又不能缺少信息的积累，而更重要的则是身心健康且斗志旺盛。"在创新思维中，有许多因素参与，包括知识信息因素、智力因素、实际能力因素、个性因素及身体因素等。

许多创新思维要求把事物各个侧面、部分和属性的认识综合为一个整体来认识。当前有这样的观点：要想研究一个东西的各个组成部分，结果很难理解，只有把它作为一个整体来研究才容易理解。通过知识、技术和设备结构等的重新组合，可以发现在某些方面存在某些重要的关系，从而做出重大的创造发明。许多发明创造都具有转化的性质，即把一个现存的客体，通过综合的重新组合，转换成一种具有不同因素、功能或用法的新客体。因此，有人说，综合就是创造。高度综合是现代科学发展的重要趋势，并在现代科学技术中发挥日益重要的作用。

创新思维者在思考问题时，常常必须记住一系列变量、条件或关系。只有综合这些因素，弄清它们之间的关系，才不会混淆。同时，要综合运用多种思维方法和逻辑模式。创新的思维过程包含着直觉的洞察与灵感的迸发、想象的发挥与模型的构想、类比的跨接与思路的外推、归纳的概括与假设的试探、演绎的联结与溯因的沟通、分析的还原与综合的归纳、反馈的利用与控制的运筹及不断的顿悟和重组，形成新的概念框架和理论体系。

二、创新思维的类型

创新思维有很多种，以下介绍主要的、最具代表性的六种思维类型。

（一）发散思维

发散思维是指大脑在思维时呈现的一种扩散状态的思维模式，它表现为思维视野广阔，思维呈现出多维发散状，又称为"辐射思维、放射思维、扩散思维或求异思维"。美国心理学家吉尔福特在"智力结构的三维模式"中，便明确地提出了发散思维。他认为，发散思维是从给定的信息中产生信息，其着重点是从同一种来源中产生各种各样的为数众多的输出，如"一题多解""一事多写""一物多用"等方式。不少心理学家认为，发散思维是创新思维最主要的特征，是测定创造力的主要标志之一。

1.发散思维的特点

（1）流畅性，其反映的是发散思维的速度和数量特征。流畅性就是观念的自由发挥，指在尽可能短的时间内生成并表达出尽可能多的思维观念，以及较快地适应、消化新的思想观念。

（2）变通性，其需要借助横向类比、跨域转化、触类旁通，使发散思维沿着不同的方面和方向扩散，表现出极其丰富的多样性和多面性。变通性就是克服人们头脑中某种自己设置的僵化的思维框架，按照某一新的方向来思索问题的过程。

（3）独特性，其是发散思维的最高目标，指人们在发散思维中做出不同寻常的异于他人的新奇反应的能力。

（4）多感官性，发散思维与情感有密切的关系。其不仅需要运用视觉思维和听觉思维，还要充分利用其他感官接收信息并进行加工。如果思维者能够想办法激发兴趣，产生激情，把信息感性化，赋予信息以感情色彩，会提高发散思维的速度与效果。

2.发散思维的作用

（1）核心性，想象是人脑创新活动的源泉，联想使源泉汇合，而发散思维就为这个源泉的流淌提供了广阔的通道。

（2）基础性，在创新思维的技巧性方法中，有许多都是与发散思维有密切关系的。

（3）保障性，发散思维的主要功能就是为随后的收敛思维提供尽可能多的解题方案。这些方案不可能每一个都十分正确、有价值，但是一定要在数量上有足够的保证。

3.发散思维的表现形式

顾名思义，发散思维就是向各个方面发展的思维方法，包括多种表现形式。

（1）平面思维，平面思维是指人的各种思维线条在平面上聚散交错。假设完成一个项目/需要9个元素，10代表结果。那么，平面思维就是把9个元素全部找齐整合起来，然后把握'各个元素之间的关系，使之互相帮助、互相促进。平面思维具有五方面的特点：其一，平面一般包含点、线、面三个基本构成要素；其二，它是线性思维朝着纵横两个方向扩张的结果；其三，平面思维的核心是联系和想象；其四，平面思维更具有跳跃性和广阔性；其五，"相对于立体思维来说，平面思维仍然是不全面的。

（2）立体思维，立体思维是指跳出点、线、面的限制，有意识地从上下左右、四面八方各个方面去考虑问题，也就是要"立起来思考"。立体思维具有三方面的显著特点：其一，它占领整个立体思维空间；其二，它具有纵向垂直、横向水平、交叉重叠的组合优势；其三，其扩大思维活动的范围，拓宽可能性。

显然，创新需要立体思维，立体思维能够帮助人们从整个空间的角度来考虑问题，提高创新的可能性。

（3）逆向思维，逆向思维是指改变一般的思维程序，从相反方向展开思路来分析与解决问题的思维方法，又称为反向思维。逆向思维有三个特点：其一，它是发现问题、分析问题和解决问题的重要手段；其二，它有助于克服思维定式的局限性；其三，其思维取向总是与一般的思维取向相反。

（二）形象思维

形象思维又称直感思维，是指在对形象信息传递的客观形象体系进行感受、储存的基础上，结合主观的认识和情感进行识别（包括审美判断和科学判断等），并用一定的形式、手段和工具（包括文学语言、绘画线条色彩、音响节奏旋律及操作工具等）创造和描述形象（包括艺术形象和科学形象）的一种基本的思维形式。

形象思维以具体的形象或图像为思维内容的思维形态，是人的一种本能思维，人一出生就会无师自通地以形象思维方式考虑问题。其内在的逻辑机制是形象观念间的类属关系。抽象思维是以一般的属性表现个别的事物，而形象思维则要通过独具个性的特殊形象来表现事物的本质。因此说，形象观念作为形象思维逻辑起点，其内涵就是蕴含在具体形象中的某类事物的本质。

1.形象思维的特点

（1）形象性，形象性是形象思维最基本的特点。形象思维所反映的对象是事物的形象，思维形式是意象、直感、想象等形象性的观念，其表达的工具和手段是能为感官所感知的图形、图像、图式和形象性的符号。形象思维的形象性使它具有生动性、直观性和整体性的优点。

（2）非逻辑性，形象思维不像抽象（逻辑）思维那样，对信息的加工一步一步、首尾相接地、线性地进行，而是可以调用许多形象性材料，一下子合在一起形成新的形象，或由一个形象跳跃到另一个形象。它对信息的加工过程不是系列加工，而是平行加工，是立体性的。它可以使思维主体迅速从整体上把握住形象思维问题。形象思维是或然性或似真性的思维，思维的结果有待于逻辑的证明或实践的检验。

（3）粗略性，形象思维对问题的反映是粗线条的反映，对问题的把握是大体上的把握，对问题的分析是定性的或半定量的。所以，形象思维通常用于问题的定性分析。抽象思维可以给出精确的数量关系，所以，在实际的思维活动中，往往需要将抽象思维与形象思维巧妙结合，协同使用。

（4）想象性，想象是思维主体运用已有的形象形成新形象的过程。形象思维并不满足于对已有形象的再现，它更致力于追求对已有形象的加工，而获得新形象产品的输出。所以，形象性使形象思维具有创造性的特点。这也说明了一个道理：富有创造力的人通常都具有极强的想象力。

2.形象思维的作用

形象思维是反映和认识世界的重要思维形式，是培养人、教育人的有力工具，在科学研究中，科学家除了使用抽象思维以外，也经常使用形象思维。在企业经营中，高度发达的形象思维，是企业家在激烈而又复杂的市场竞争中取胜而不可缺少的重要条件。高层管理者离开了形象信息、离开了形象思维，他所得到的信息就可能是间接的、过时的甚至不确切的，因此，也就难以做出正确的决策。

3.形象思维的训练方法

形象思维的训练方法通常有以下几种。

（1）多观察。现代文明在提升人们的一些能力的同时，也在不知不觉中弱化了另一些能力：我们有单独隔离的安全的睡眠空间，我们有经过科学检验可放心食用的食品，我们有法律的保证使我们行走在街区不被攻击，我们掌握知识时有书本这样的二手信息，等等；然而，我们却没有了对恶劣生存条件保持感官警觉的动力。那么，我们就需要通过激发好奇心和激发对能力弱化的恐惧来强化多观察的习惯。很多情况下，我们对事物的细微之处不是看不见，而是视而不见。民间流传的"失明者耳更聪""失聪者眼更明""又聋又盲手更巧"等说法，这也从另一个角度说明了人们的感官摄取信息的敏感性是可以训练的。

（2）多做形象比较。下面举个例子来说明多做形象比较的重要性。当你观察森林中的蛇时，如果你只注意到它们细长的身躯、蠕动的行走方式，那么所有的蛇在你脑中的记忆只是同一幅图画。当你再观察被蛇咬的同伴时，你就会产生疑惑：为什么有人被蛇咬后出现的是死亡的画面，而另一些人被蛇咬后则依然是活蹦乱跳的画面？如果在观察时对每条蛇进行仔细比较，你就会发现细微的区别：有的蛇有两颗突出的牙齿，而另一些则没有。在观察被蛇咬过的人时，如果你仔细比较被蛇咬的伤口，你就会发现，死亡的人的伤口是有两个小眼的，被蛇咬后依然活蹦乱跳的人则没有这样的伤口。于是，你就获得了这样的知识：有两颗、突出牙齿的蛇能咬死人，没有两颗突出牙齿的蛇不能咬死人。

（3）多实践体验。现代研究结果表明，在使用中学习知识比脱离使用环境学习知识在记忆速度、记忆时长方面都要高90%左右。现代人由于书本知识海量增长，不知不觉中，学习/环境与真实环境已经相互脱离了，学习成了在虚拟的假环境中学习。此时，受损最大的就是/人们的形象思维能力。作为一种弥补，人们需要时不时地回到真实环境中，而体验就是有意i　识地将自己置身于真实环境中，看具体图画，听具体声音。在现代分离化条件下，体验式学习是锻炼形象思维能力的法宝。

（三）灵感思维

灵感思维是人们在创造过程中达到高潮阶段以后出现的一种最富有创造性的思维突破。灵感思维常常以"一闪念"的形式出现，是人们在无意识的情况下产生的一种突发性的创造性思维活动，因此具有突发性、偶然性、模糊性的特征。大量的研究结果表明，灵感思维是由人们的潜意识思维与意识思维多次叠加而形成的，是人们进行长期创造性思维活动达到的一个必然阶段。很多创造性成果都是在"用笔不灵看燕舞，行文无序赏花开"的某一瞬间通达灵感思维而最后成功的。

关于灵感思维对创新创作的重要作用的例子不胜枚举。奥地利著名作曲家施特劳斯（Strauss）一生创作了400余首乐曲，他十分珍惜灵感思维。关于施特劳斯的创作有一个有趣的故事：有一次，他站在多瑙河边，望着碧波掠岸、浪花翻滚，不禁感情洋溢，不知不觉地同乐曲联系起来，突然来了灵感，产生了一个妙不可言的音乐旋律。他拿出笔欲计时却发现没有带纸，于是毫不犹豫地脱下衬衫，在衣袖上及时记下了这个旋律。后来的不朽之作《蓝色多瑙河》就是在这个旋律的基础上完成的。达尔文（Darwin）在读到马尔萨斯（Malthus）写的《人口论》一书时，当读到"繁殖过剩而引起竞争生存"时，突然想到，在生存竞争的条件下，有利的变异会得到保存，不利的变异则被淘汰，由此，促进了对生物进化论的思考。意大利文艺复兴时期的著名画家拉斐尔（Raphael）想构思一幅新的圣母像，但很久都难以成形。在一次偶然的散步中，他看到一位健康、淳朴、美丽、温柔的姑娘在花丛中剪花，这一富有魅力的形象吸引了他，他立刻拿起画笔创作了《花园中的圣母》。

1.灵感思维的特点

（1）突发性，灵感往往是在出其不意的刹那间产生，使长期冥思苦想的问题突然得到解决。在时间上，它不期而至，突如其来；在效果上，它突然领悟，意想不到。

（2）偶然性，灵感在什么时间可以出现，在什么地点可以出现，或在哪种条件下可以出现，都使人难以预测因而带有很大的偶然性，往往给人以"有心栽花花不开，无心插柳柳成荫"之感。

（3）模糊性，灵感的产生往往是闪现式的，而且稍纵即逝，它所产生的新线索、新结果或新结论使人感到模糊不清。

灵感思维所表现出的上述特征，从根本上说都是来自它的无意识性。

2.灵感思维的训练方法

面对灵感，我们应该如何捕获呢？我们应该具备哪些素质呢？具体来说，灵感可以来自以下 10 个方面。

（1）久思而至，指思维主体在长期思考竟日不就的情况下，暂将课题搁置，转而进行与该研究无关的活动。恰好是在这个"不思索"的过程中，无意中找到答案或线索，完成久思未决的研究项目。

（2）梦中惊成，梦是以被动的想象和意念表现出来的思维主体对客体现实的特殊反映，是大脑皮层整体抑制状态中，少数神经细胞兴奋进行随机活动而形成的戏剧性结果。并不是所有人的梦都具有创造性的内容。梦中惊成，同样只留给那些"有准备的科学头脑"。

（3）自由遐想，科学上的自由遐想是研究者自觉放弃僵化的、保守的思维习惯，围绕科研主题，依照一定的随机程序对自身内存的大量信息进行自由组合与任意拼接。经过数次乃至数月、数年的意境驰骋和间或地逻辑推理，完成一项或一系列课题的研究。

（4）急中生智，利用此种方法的例子，在社会活动中数不胜数。即情急之中做出了一些行为，结果证明，这种行为是正确的。

（5）另辟蹊径，思维主体在科学研究过程中，课题内容与兴奋中心都没有发生变化，但寻解定式却由于研究者灵机一动而转移到与原来解题思路相异的方向。

（6）原型启示，在触发因素与研究对象的构造或外形几乎完全一致的情况下，已经有充分准备的研究者一旦接触到这些事物，就能产生联想，直接从客观原型推导出新发明的设计构型。

（7）触类旁通，人们偶然从其他领域的既有事实中受到启发，进行类比、联想、辩证升华而获得成功。他山之石，可以攻玉。触类旁通往往需要思维主体具有更深刻的洞察能力，能把表面上看起来完全不相干的两件事情联系起来，进行内在功能或机制上的类比分析。

（8）豁然开朗，这种顿悟的诱因来自外界的思想点化。主要是通过语言表达的一些明示或隐喻获得。豁然开朗这种方法中的思想点化，一般来说要有以下几个条件：一是"有求"；二是"存心"；三是"善点"；四是"巧破"。

（9）见微知著，从别人不觉得稀奇的平常小事上，敏锐地发现新生事物的苗头，并且深究下去，直到做出一定创建为止。见微知著必须独具慧眼，也就是用眼睛看的同时，配合敏捷的思维。

（10）巧遇新迹，由灵感而得到的创新成果与预想目标不一致，属意外所得。许多研究者把这种意外所得看作"天赐良机"，也有的称之为"正打歪着"或"歪打正着"。

（四）逻辑思维

逻辑思维是思维的一种高级形式，是符合某种人为制定的思维规则和思维形式的思维方式，我们常说的逻辑思维主要指遵循传统形式逻辑规则的思维方式，常称它为"抽象思维"或"闭上眼睛的思维"。

逻辑思维是确定的，而不是模棱两可的；是前后一贯的，而不是自相矛盾的；是有条理、有根据的。在逻辑思维中，要用到概念、判断、推理等思维形式和比较、分析、综合、抽象、概括等方法，而掌握和运用这些思维形式和方法的程度，就是逻辑思维的能力。

逻辑思维具有规范、严密、确定和可重复的特点。其具体类型如表4-1所示。

表4-1　逻辑思维的类型

类型	思维水平	定义	作用
经验型	常局限于狭隘的经验，思维水平较低	在实践活动的基础上，以实际经验为依据形成概念，进行判断推理	工人、农民常运用生产经验来解决生产中的问题
理论型	逻辑上升到理论阶段，思维水平较高	以理论为依据，运用科学的概念、原理、定律、公式等进行判断推理	科学家和理论学者的思维

（五）联想思维

联想思维就是人们通过一件事情的触发而想到另一些事情的思维。联想能够克服两个不同的概念在意义上的差距，并在另一种意义上把它们联结起来，由此可产生一些新颖的思想。联想构思发明法就是利用联想思维进行创造的一种发明创造方法。古往今来，人类一直是在无意或有意中通过各种联想，不断从自然界中得到许多启迪，从而创造了无数的工具、方法，为自己的生存和发展创造条件。

联想思维为人们提供了无限广阔的天地。一个人如果不会运用联想思维，学一点就只知道一点，那么他的知识是零碎的、孤立的，派不上什么用场；如果一个人善于运用联想思维，就会由此及彼地扩展下去，做到举一反三、闻一知十、触类旁通，从而使思维跳出现有的圈子，突破思维定式而获得创新构思。

那么，又该如何培养联想思维呢？首先要克服抑制联想思维的障碍。抑制联想思维的障碍主要有环境方面的障碍、内部心理障碍和内部智能障碍。其中，环境方面的障碍，如人际关系的不协调、学习思考环境的恶劣等；内部心理障碍，如消极、压抑，甚至悲观、沮丧情绪等；内部智能障碍主要是指思维方法的僵化，即所谓的思维定式或习惯性思维。当克服联想思维障碍之后，再培养联想思维能力，主要途径包括强化创新意识、学习和静思。这里要强调一下静思的重要性。人有时需要交往，需要与他人产生思维碰撞，但有时也需要孤独，需要沉静思考。

（六）组合思维

组合思维又称合向思维，是指人们把两种或两种以上的原理、方法、技术及构思，或是仪器、设备、材料及物品等适当地组合在一起，从而使之变成彼此不可分割的新的整体的一种思考方式。

组合思维作为人们常用的思维方式具有以下几种形式：①同类组合。同类组合是若干相同事物的组合。参与组合的对象在组合前后基本原理和结构一般没有根本的变化，往往具有组合的对称性或一致性的趋向。②异类组合。异类组合是两种或两种以上不同领域的技术思想的组合、两种或两种以上不同功能的物质产品的组合。③重组组合。重组组合就是在事物的不同层次分解原来的组合，然后再按照新的目标重新安排的思维方式。④共享与补代组合。共享组合是指把某一事物中具有相同功能的要素组合到一起，达到共享的目的。补代组合是通过对某一事物的要素进行摒弃、补充和替代，形成一种在性能上更为先进、新颖、实用的新事物。例如，拨号式电话改为键盘式电话、银行卡代替存折。⑤概念组合。概念组合就是以词类或命题进行的组合。

在日常生活中，人们也会遇到组合问题。例如，家具的组合，居室环境设计中书画、工艺品、古董、雕塑、花卉等的组合，营养配餐，宴席设计，服装搭配等。在商业模式中，也有很多组合的实例。例如，牙膏+中医药=药物牙膏，电话+电视机=可视电话，手枪+消音器=无声手枪，还有电子秤、航空母舰、组合音响、电动自行车、傻瓜照相机、全自动脱干组合洗衣机等。最后，组合要求有广博的知识、丰富的实践经验、灵通的市场信息，要善于积累、勤于思索，将思维的触角向四处延伸，引发"共振"，从而产生等效果。

三、创新思维的训练方法

创新思维的发展不是一个自然而然的过程，而是一个需要精心培养的过程。创新思维训练的主要目的是改善思维品质，提高思维能力，只要能在实际训练中把握住思维品质，进行有的放矢的努力，就能顺利地、卓有成效地坚持下去。下面介绍三种广泛应用的典型的创新思维训练方法。

（一）脑力激荡法

脑力激荡法（brain-storming）又称头脑风暴法，是最为人所熟悉的创意思维策略，该方法是由美国的奥斯本（Osborn）于1937年所倡导的，此法强调集体思考，着重互相激发思考，鼓励参加者在指定的时间内，构想出大量的意念，并从中引发新颖的构思。脑力激荡法虽然主要以团体的方式进行，但也可在个人思考问题和探索解决方法时，运用此法激发思考。该法的基本原理是：只专心提出构想而不加以评价；不局限思考的空间，鼓励想出越多主意越好。

此后改良式脑力激荡法是指运用脑力激荡法的精神或原则，在团体中激发参加者的创意。关于该方法的原理和应用将在第三讲中进行详细介绍。

（二）心智图法

心智图法（mind mapping）是一种刺激思维及帮助整合思想与信息的思考方法，也可以说是一种观念图像化的思考策略。此法主要采用图志式的概念，以线条、图形、符号、颜色、文字、数字等各种方式，将意念和信息快速地以上述各种方式摘要下来，成为一幅心智图（mind mapping）。在结构上，它具备开放性及系统性的特点，让使用者能自由地激发扩散性思维，发挥联想力；又能有层次地将各类想法组织起来，以刺激大脑做出各方面的反应，从而得以发挥全脑思考的多元化功能。

（三）德尔菲法

德尔菲法（Delphi method），于20世纪40年代由赫尔默（helmed）和戈登（Gordon）首创，1946年，美国兰德公司为避免集体讨论存在的屈从于权威或盲目服从多数的缺陷，首/次用这种方法来进行定性预测，后来该方法被迅速广泛采用。

德尔菲法又名专家意见法或专家函询调查法，是依据系统的程序，采用匿名发表意见的方式，即团队成员之间不得互相讨论，不发生横向联系，只能与调查人员联系，以反复填写问卷，以集结问卷填写人的共识及搜集各方意见。可用来构造团队沟通流程，应对复杂任务难题的管理技术。

四、创新思维的应用

创新思维主要有以下两种应用。

第一，日常的创新。创新是常规思维的一部分，因此，可以用于任何需要思维的场合，无须做出任何正式或刻意的努力就可以产生。例如，那些天生具有创造性或受到激励具有创造性思维的人会不知不觉地运用创造性思维。

第二，特定的创造。通常基于明确的需要，在这种情况下，个体要做出刻意的努力，运用系统的方法来产生新想法，如企业管理创新、营销创新、制度创新都属于此类。

通过创新思维应用而改变世界的例子不胜枚举，比如我国东汉时期的蔡伦，发明了一种简易的造纸法，这种轻便而廉价的纸淘汰了沉重的竹简，在多数场合下代替了昂贵的丝帛，打破了贵族阶层对知识的垄断，使得普通的劳动人民也能够接受教育，这项创新对中华文明的发展具有不可估量的意义。

第三节　创新方法应用

如果把创新活动的过程比喻成"过河"的话，那么方法就是"过河"的桥或船。笛卡儿说过："最有价值的知识是关于方法的知识。"可见，方法与内容、事实等同等重要。良好的方法能使我们更好地发挥天赋的才能，而笨拙的方法则可能阻碍才能的发挥。良好的方法不仅仅可以提高个人的学习和工作效率，达到事半功倍的效果，而且更重要的价值还在于它能够被复制成功。

同理，创新方法的应用既可直接产生创造、创新成果，也可启发人的创新思维，同时，也能提高人们的创造力、创新能力和创新成果的实现率。

一、创新方法的概念及发展

创新方法是指创新活动中带有普遍规律性的方法和技巧。它是通过研究一个个具体的创新过程，比如创新的题目是怎样确定的，创新的设想是怎样提出的，创新的设想是如何变成现实的，等等，从而揭示创新的一般规律和方法。

创新方法首先出现在美国。1906年，美国的普林德尔在《发明的艺术》一文中，通过发明案例介绍了发明者们日常不自觉使用的各种发明方法，最早提出了对工程师进行创造力训练的建议，并以实例阐述了一些改进及创新的技巧和方法。这基本上是能找到的、最早的探索创新方法的文章。

1931年，内布拉斯加大学教授克劳福德发表了《创造思维的技术》一文，提出了列举法，并在大学讲授。这个方法至今仍然受到广泛的欢迎。同年，还有一位专利审查人罗斯·曼在为取得博士学位而完成的著作《创造发明者的心理学》中，专门写了"发明方法"一章。

1938年，被誉为"创造方法之父"的亚历克斯·奥斯本总结出了非常著名的"头脑风暴法"，并取得应用的成功。为了推广这种方法，他撰写了一系列著作，如《思考的方法》《所谓创造能力》《创造性想象》等，并深入到学院、社会团体和企业，组织大家学习和运心用这些方法。现在，这种方法已经作为一种最常用的方法而普及全世界。

之后，先后有不同的人创造了各种各样的创新方法，到目前为止，已经达到340多种，但常用的方法大概只有十几种。

二、典型的创新方法列举

（一）头脑风暴法

头脑风暴法，又称脑力激荡法、智力激励法或自由思考法，是由美国创造学家A.F.奥斯本于1939年首次提出、1953年正式发表的一种激发性思维的方法。

头脑风暴法可分为两种：一是直接头脑风暴法，是指在专家群体决策基础上尽可能激发创造性，产生尽可能多的设想的方法；二是质疑头脑风暴法，是指对直接头脑风暴法所提出的设想、方案逐一质疑，发现其现实可行性的方法。

1.头脑风暴法的原理头脑风暴法何以能激发创新思维？根据奥斯本本人及其他研究者的看法，主要有以下几点。

第一，联想反应。联想是产生新观念的基本过程。在集体讨论问题的过程中，每提出一个新的观念，都能引发他人联想，相继产生一连串的新观念，产生连锁反应，形成新观念堆，为创造性解决问题提供了更多的可能性。

第二，热情感染。在不受任何限制的情况下，集体讨论问题能激发人的热情。人人自由发言、相互影响、相互感染，能形成热潮，突破固有观念的束缚，最大限度地发挥创造性的思维能力。

第三，竞争意识。在有竞争意识的情况下，人人争先恐后，竞相发言，不断地开动思维机器，力求有独到见解和新奇观念。心理学告诉人们，人类有争强好胜心理，在有竞争意识的情况下，人的心理活动效率可增加50%或更多。

第四，个人欲望。在集体讨论解决问题的过程中，个人的欲望自由，不受任何干扰和控制，是非常重要的。头脑风暴法有一条原则，即不得批评仓促的发言，甚至不许有任何怀疑的表情、动作、神色。这就能使每个人畅所欲言，提出大量的新观念。

2.头脑风暴法的运作流程

下面以一次会议为例，阐述头脑风暴法具体运作的六个阶段。

第一，准备阶段。负责人应事先对所议问题进行一定的研究，弄清问题的实质，找到问题的关键，设定解决问题所要达到的目标。同时选定参加会议人员，一般以5～1。人为宜，不宜太多。然后将会议的时间、地点、所要解决的问题、可供参考的资料和设想、需要达到的目标等事宜一并提前通知与会人员，让大家做好充分的准备。

第二，热身阶段。这个阶段的目的是创造一种自由、宽松、祥和的氛围，使大家得以放松，进入一种无拘无束的状态。主持人宣布开会后，先说明会议的规则，然后随便谈点有趣*的话题或问题，让大家的思维处于轻松和活跃的状态。如果所提问题与会议主题有着某种联系，人们便会轻松自如地导入会议议题，效果自然更好。

第三，明确问题。主持人简明扼要地介绍有待解决的问题。介绍时须简洁、明确，不可过分周全，否则，过多的信息会限制人的思维，干扰思维创新的想象力。

第四，重新表述问题。经过一段时间的讨论后，大家对问题已经有了较深程度的理解。这时，为了使大家对问题的表述能够具有新角度、新思维，主持人或书记员要记录大家的发言，并对发言记录进行整理。通过记录的整理和归纳，找出富有创意的见解，以及具有启发性的表述，供下一步畅谈时参考。

第五，畅谈阶段。畅谈是头脑风暴法的创意阶段。主持人首先要向大家宣布这些规则，随后引导大家自由发言，自由想象，自由发挥，使彼此相互启发，相互补充，真正做到知无不言，言无不尽，畅所欲言，然后将会议发言记录进行整理。

第六，筛选阶段。会议结束后的一两天内，主持人应向与会者了解大家会后的新想法和新思路，以此补充会议记录。然后将大家的想法整理成若干方案，按照可识别性、创新性、可实施性等标准进行筛选。经过多次反复比较和优中择优，最后确定1～3个最佳方案。这些最佳方案往往是多种创意的优势组合，是大家的集体智慧综合作用的结果。

（二）六顶思考帽法

六顶思考帽法是由英国学者爱德华·德博诺博士开发的一种思维训练模式，或者说是一个全面思考问题的模型。它提供了"平行思维"的工具，避免将时间浪费在互相争执上。强调的是"能够成为什么"，而非"本身是什么"，是寻求一条向前发展的路，而不是争论谁对谁错。六顶思考帽法是管理思维的工具、沟通的操作框架、提高团队IQ（即智商）的有效方法。

六顶思考帽法之所以是非常有效的思维方法，是因为任何人都具有以下六种基本思维功能，这六种功能可用六顶颜色的帽子来做比喻，如表4-2所示。

表4-2　六顶思考帽及其喻义

黑色思考帽	黑色是逻辑上的否定，象征着谨慎、批评及对于风险的评估，使用黑帽思维的主要目的是为了发现缺点、做出评价
白色思考帽	白色是中立而客观的，代表信息、事实和数据，努力发现信息和增强信息基础是思维的关键部分
红色思考帽	红色的火焰，使人想到热烈与情绪。是对某种事或某种观点的预感、直觉和印象，它既不是事实也不是逻辑思考，它与不偏不倚的、客观的、不带感情色彩的白帽思维相反

续表

黄色思考帽	黄色代表阳光和乐观，代表事物合乎逻辑性、积极性的一面。黄色思维追求的是利益和 价值，是寻求解决问题的可能性
蓝色思考帽	蓝色是天空的颜色，有纵观全局的气概。蓝色思维是"控制帽"，掌握思维过程本身，被视为"过程控制"。蓝色思维常在思维的开始、中间和结束时使用。我们能够用蓝帽来 定义目的，制定思维计划，观察和做出结论，决定下一步
绿色思考帽	绿色是有生命的颜色，是充满生机的。绿色思维不需要以逻辑性为基础，允许人们做出 多种假设

由表4-2可知，颜色不同的帽子分别代表着不同的思考真谛，人们要学会在不同的时间带上不同颜色的帽子去思考，创新的关键在于思考，从多角度去思考问题，绕着圈去观察事物才能产生新想法。

（三）奥斯本检核表法

奥斯本检核表法就是以提问的方式，根据创造或解决问题的需要，列出一系列提纲式的提问，形成检核表，然后对问题进行讨论，最终确定最优方案的方法。因其几乎适用于任何类型与场合的创新活动，因此享有"创新方法之母"的美称。该方法主要引导主体在创造过程中对照9个方面的问题进行思考，以便启迪思路，开拓思维想象的空间，促进人们产生新了；设想、新方案，具体如表4-3所示。

表4-3　奥斯本检核表法

序号	检核项目	含义
1	能否他用	能否还有其他的用途？保持不变能否扩大用途？稍加改变有无其他用途
2	能否借用	能否从别处得到启发，能否借用别处的经验和发明，过去有无类似的东西可供模仿？谁的东西可模仿，现有的发明能否引入到其他的创造设想之中
3	能否改变	能否做某些改变，改变一下会怎样？可改变一下形状、颜色、音响、味道吗？是 否可改变一下型号模具或运动形式？……改变之后，效果如何
4	能否扩大	能否扩大适用范围？能否增加使用功能？能否添加零部件，延长它的使用寿命，增加长度、厚度、强度、频率、速度、数量、价值
5	能否缩小	能否体积变小、长度变短、重量变轻、厚度变薄，以及拆分或省略某些部分（简单位）？能否浓缩化、省力化、方便化

序号	检核项目	含义
6	能否替代	能否用其他材料、原件、方法、工艺、功能等来代替
7	能否调整	能否变换排列顺序、位置、时间、速度、计划、型号？内部元件可否交换
8	能否颠倒	能否正反颠倒、里外颠倒、目标手段颠倒等

在具体创新过程中，可以根据表4-3中的条目逐一分析问题的各个方面。这有利于提高创新的成功率。大部分人的思维总是自觉或不自觉沿着长期形成的思维模式来看待事物，对问题不敏感，即使看出了事物的缺陷和问题，也懒于进一步思考，不爱动脑筋，不进行积极的思维，因而难以有所创新。由于检核表法的设计特点之一是多向思维，用多条提示引导你去发散思考，突破了不愿提问或不善提问的心理障碍，在进行逐项检核时，强迫人们思维扩展，突破旧的思维框架，开拓了创新的思路，有利于提高发现创新的成功率。

奥斯本检核表法的"三步走"实施步骤具体如下。

第一步：根据创新对象明确需要解决的问题。

第二步：参照表中列出的问题，运用丰富的想象力，强制性地逐个核对讨论，写出新设想。

第三步：对新设想进行筛选，将最有价值和创新性的设想筛选出来。

另外，在奥斯本检核表法的应用过程中应该注意四方面事项：其一，对所列举的事项逐条核检，确保不遗漏；其二，尽量多核检几遍，以确保较为准确选择出所需创新、发明的方面；其三，进行检索时，可将每一大类问题作为一种单独的创新方法来运用；其四，核检方式可根据需要进行多种变化。

（四）十二口诀法

十二口诀法又称和田十二法，是我国上海创造协会研究者许立言、张福奎以及上海市和田路小学结合我国实际情况，在检核表法和其他技法基础上提炼总结出来的创新思维方法，如表4-4所示。这种方法共12句话36个字，表述简洁，有助于潜能开发和实际运用。该法已被日本创造学会和美国创造教育基金会承认，并译成日文、英文，在世界各国广为流传和使用。

表4-4 十二口诀法

口诀	含义
加一加	加高、加厚、加多、组合等
减一减	减轻、减少、省略等

续表

口诀	含义
扩一扩	放大、扩大、提高功效等
变一变	改变其形状、颜色、气味、音响、次序等
改一改	改缺点、改不便、改不足之处等
缩一缩	压缩、缩小、微型化
联一联	原因和结果有何联系，把某些东西联系起来
学一学	模仿形状、结构、方法，学习先进
代一代	用其他材料代替，用其他方法代替
搬一搬	移作他用
反一反	能否颠倒一下
定一定	定个界限、标准，能提高工作效率

我们依据这十二个口诀进行核对和思考，就能从中得到启发，诱发人们的创造性设想。比如随身听的发明，实际上就是"缩一缩"带来的发明；电热杯就是热水壶缩一缩的结果。再如，人们模仿企鹅的运动方式发明了沙漠跳跃机；从恐龙的巨大身躯上悟出建筑学的道理；王羲之从鹅的滑水动作中悟出楷书的笔法；草圣张旭从公孙大娘的舞剑中悟出草书等。

（五）综摄法

综摄法（synectics method）是由威廉·戈登（W.J.Gordon）于1944年提出的，指以外部事物或已有的发明成果为媒介，并将它们分成若干要素，对其中的要素进行讨论研究，综合利用激发出来的灵感，来发明新事物或解决问题的方法。

1.综摄法的基本原则

综摄法有两项基本原则：其一，异质同化。新的发明大多是现在没有的东西，人们对它是不熟悉的；然而，人们非常熟悉现有的东西。在创造发明不熟悉的新东西时，可以借用现有的知识来进行分析研究，启发出新的设想，这就叫作异质同化。其二，同质异化。对现有的各种发明，运用新的知识或从新的角度来加以观察、分析和处理，启迪出新的创造性设想，这就叫作同质异化。

2.综摄法采用的方法

在具体实施上述两项原则时，常采用以下几种类比的方法。

第一，拟人类比。进行创造活动时，人们常常将创造的对象加以"拟人化"。在机械设计中，采用这种"拟人化"的设计，可以从人体某一部分的动作中得到启发，常常会使人收到意想不到的效果。

第二，直接类比。从自然界或者已有的成果中找寻与创造对象相类似的东西。如运用仿生学设计飞机、潜艇等。

第三，象征类比。所谓象征是一种用具体事物来表示某种抽象概念或思想感情的表现手法。在创造性活动中，人们有时也可以赋予创造对象一定的象征性，使他们具有独特的风格。

与"头脑风暴法"的运用流程相似，也是采用会议的方式进行，只是对参会人员有所要求，需要选取具有不同知识背景的人员组成创新小组，而不是选取同一领域的专家。

（六）模仿创新法

人们学习时，总是以模仿开始。同样，人们要提高自己的创新能力，也可以先从模仿开始。模仿就是把眼前和过去的东西通过自己的头脑再造出来，是一种再造想象。通过模仿，人们能够认识事物的外部和内部特点。

模仿创新法就是一种人们通过模仿旧事物而创造出与其相类似的事物的创造方法，主要特点是通过模拟、仿制已知事物来构造未知事物。从模仿的创造性程度而言，可分为机械式模仿、启发式模仿和突破式模仿三种。机械式模仿把别人成功的经验和先进的生产方式直接吸收过来，很少独创；启发式模仿不是在两者相等的条件下进行的，而是在其他对象的启发下完成创造的；突破式模仿指进行模仿的东西发生了质的变化，而将其他事物转化成自己的在创新开发实践过程中，模仿一般应该通过以下几种途径入手。

第一，原理性模仿。运用已知事物的运作原理，去构建新事物及其运作机制。例如，电脑就是模仿人脑设计而成的。

第二，形态性模仿。模仿已知事物的形状和特征等形态要素，形成新事物的创造性方法。例如，长沙世界之窗就是按照世界各国和我国的景观修建的。

第三，结构性模仿。模仿已知事物的结构特点，利用其结构来创造新事物的方法。例如，复式住宅来自对双层公共汽车结构的模仿。

第四，功能性模仿。以一种事物的某种功能要求为出发点，模仿而产生其他类似的事物。例如，人们受到智能相机的启发，正准备研制出全智能操作的傻瓜电脑。

第五，仿生性模仿。以生物界事物的生存和发展的原理、功能、形状等作为参照物进行模仿创造的方法。仿生性模仿包括技术性仿生、原理性仿生、信息性仿生等。

模仿创新法是在进行创新思维时经常用到的一种方法，这种方法的运用使我们的生活产生了巨大的变化。

（七）类比创新法

类比创新法是富有创造性的创意方法，有利于人的自我突破，其核心是从异中求同，或同中见异，从而产生新知，得到创造性成果。它在人们认识世界和改造世界的活动中，起着重要的作用。历史上，许多重大的科学发现、技术发明和文学艺术创作，都是运用类比创新法的成果。例如，在科学领域，惠更斯提出的光的波动说，就是与水的波动、声的波动类比而发现的；欧姆将其对电的研究与傅立叶关于热的研究加以类比，建立了欧姆定律。在其他科学领域里，也有类似的情况。比如，医生詹纳发现"种牛痘"可以预防天花，是受到挤牛奶女工感染牛痘而不患天花的启示。仿生学的迅猛发展，更说明了类比法的重大价值。

类比创新法是根据两个或两类对象之间在某些方面的相同或相似而推出它们在其他方面也可能相同的一种思维形式和逻辑方法。这种方法极富创造性，有利于人的自我突破，其核心是从异中求同，或同中见异，从而产生新知，取得创造性成果。它在人们认识世界和改造世界的活动中起着重要的作用。这种方法的关键是通过已知事物与未知事物之间的比较，从已知事物的属性推测未知事物也具有某种类似属性。

从广义的角度来说，世界上所有的事物之间都存在着应用类比创新法的可能性，但它必须要有一定的客观规律作为基础。根据类比的对象、方式等的不同，类比创新法大致可以分为以下几种类型。

直接类比：从自然界或者人为成果中直接寻找出与创意对象相类似的东西或事物，进行类比创意。

拟人类比：使创意对象"拟人化"，也称为亲身类比、自身类比或人格类比。这种类比就是创意者使自己与创意对象的某种要素认同一致，自我进入"角色"，体现问题，产生共鸣，以获得创意。

幻想类比：将幻想中的事物与要解决的问题进行类比，由此产生新的思考问题的角度。借用科学幻想、神话传说中的大胆想象来启发思维，在许多时候是相当有效的。在这里要强调的是，幻想类比只是运用幻想激发想象力，它就像帮助我们过河的垫脚石，只是一个工具，幻想并不是我们马上要实现的目标。

对称类比：自然界中许多事物存在着对称关系，如物理学上的正电荷与负电荷，两者除了极性相反之外，其他都相同，好像人们照镜子，镜中人与镜外人一样。换句话说，正电荷和负电荷是对称的。在创造过程中，运用对称类比，也可能获得某种创造。

因果类比：两个事物之间都有某些属性，各属性之间可能存在着同一种因果关系，根据某一个事物的因果关系可能推出另一个事物的因果关系。在创造过程中，掌握了某种因果关系并进行触类旁通，有可能获得新的启发，产生新的创意。

仿生类比：人在创意、创造活动中，常将生物的某些特性运用到创意、创造上。如模仿海豚的皮肤以减少潜水艇在水中受到的阻力；根据蝙蝠发明了雷达；

模仿鸟类展翅飞翔，造出了具有机翼的飞机。同样，通过发现鸟类可直接腾空起飞，不需要跑道，又发明了直升机；当发现蜻蜓的翅膀能承受超过其自重好多倍的重量时，就采用仿生类比，研制出超轻的高强度材料，应用于航空、航海、车辆及房屋建筑领域。

综合类比：根据一个对象要素间的多种关系与另一对象综合相似而进行的类比推理。两个对象要素的多种关系综合相似，就意味着它们的结构相似，由结构相似可推出它们的整体特征和功能相似。

综上可知，类比创新法在探求新的事物发展规律、建立事物间联系的过程中，发挥着极其特殊的作用。类比也可以说是一种不严格的推理，因为推理的不严格是它的特点之一。这个特点既是它的所长，也是它的所短。它的所长是诱发创造性思考，可以触类旁通、启发思路；它的所短是因为科学研究和生产实践活动中需要严格推理。

（A）组合创新法

据说有一次，化学家阿伏伽德罗和著名的数学家高斯开了个玩笑：他在高斯面前把2升氢气放在1升氧气中燃烧，结果得到2升水蒸气。阿伏伽德罗对高斯说："只要化学愿意的话，它能使2+1=2，而你们数学能做到这一点吗？"尽管这只是一个名人趣事，但它给了我们很大的启发：几个物质的组合会产生出人意料的结果。

巧妙的组合就是创新，组合在创新活动中极为常见并被广泛运用。例如：自行车+自行车=双人自行车，数据+文字+图像+声音=多媒体，牙膏+中草药=中草药牙膏，飞机+飞机库+军舰=航空母舰，中医+西医=中西医结合，马克思主义哲学+马克思主义政治经济学+科学社会主义=马克思主义，等等，这些绝不是随意的凑合，而是属于有机联系的创新组合。

组合类创新方法，是以两个或多个事物为基础，按照一定的原理或目的，进行有效组合都是采用组合类创新方法取得的。在进行创新时，组合只要合理有效，就是一项成功的创新。组合类创新方法的特点就是：以组合为核心，把表面看来似乎不相关的事物，有机地结合在一起，合多而一，从而产生意想不到、奇妙新颖的创新成果。

组合的类型多种多样。根据参与组合的组合因子的性质、主次及组合的方式，将组合类型大体分为以下四类。

1.同类组合

同类组合也称同物组合，就是将若干相同的事物进行自组。比如，大家都知道的双层公共汽车、情侣伞、情侣衫、双向拉链、双色笔或多色笔、子母灯、霓虹灯、双层文具盒、多级火箭等。同类组合参与组合的对象与混合前相比，只是通过数量的变化来增加新事物的功能，其性质、结构没有发生根本变化。同类组合的模式是：a+a=N。简单的事物可以自组，复杂的事物也可以自组。

在同类组合中，参与组合的对象一般是两个或两个以上的同一事物；组合后与组合前相比，参与组合的事物，其基本原理和基本结构一般没有发生根本性的变化。同类组合是在保持事物原有的功能或原有意义的前提下，通过数量的增加以弥补功能的不足或求取新的功能和意义，而这种新功能和新意义是事物单独存在时不具有的。

同类组合的方法很简单，却很实用，将其应用于工业和生活产品的创新，常常可以产生意想不到的效果。

2.异类组合

异类组合是指将两种或两种以上的不同领域的事物、思想或观念进行组合，产生有价值的新整体。异类组合的模式是：a+b=N。例如，维生素、糖果两者都是客观存在的事物，但是雅客V9将二者融合，摇身一变，成了"维生素糖果"；超声波灭菌法与激光灭菌法组合，利用"声光效应"几乎能杀灭水中的全部细菌；等等。但是，异类组合绝不是简单的凑合。例如，狮身人面像是古埃及文明的遗迹，是"狮身"与"人面"的组合；收录机是收音机与录音机的组合；电吹风与熨斗组合成电吹风熨斗；等等。

异类组合有三个特点：第一，被组合的事物来自不同的方面、领域，它们之间一般无明显的主次关系；第二，在组合过程中，参与组合的事物从意义、原理、构造、成分、功能等方面可以互补和相互渗透，产生1+1>2的价值，整体变化显著；第三，异类组合实质上是一种异类求同，因此创新性较强。

3.主体附加组合

主体附加组合又称添加法、主体内插式法，是指以某一特定的事物为主体，通过补充、置换或插入新的事物，而得到新的有价值的整体。例如，最初的洗衣机只有搓洗功能，以后增加了喷淋、甩干装置，使洗衣机有了漂洗和烘干功能；电风扇开始也只有简单的吹风功能，后来逐渐增加了控制摇头、定时、变换风量等的装置，成为今天的样子；手机一开始叫"大哥大"，只有通话的功能，现在附加了短信、上网、照相等多种功能。

在主体附加组合中，主体事物的性能基本上保持不变，附加物只是对主体起补充、完善或充分利用主体功能的作用。附加物可以是已有的事物，也可以是为主体设计的附加事物。例如，在文化衫上印上旅游景点的标志和名字，就变成了具有纪念意义的旅游商品；同样，/一本著作有了作者的亲笔签名，其意义也会不同。

在运用主体附加组合时，首先要确定主体附加的目的，可以先全面分析主体的缺点，然后围绕这些缺点提出解决方案，再通过增加附属物来达到改善主体功能的目的。其次，根据附加目的确定附加物。主体附加组合的创新性在很大程度上取决于对附加物的选择是否别开生面，能否使主体产生新的功能和价值，以增强其实用性，从而增强其竞争力。

在运用主体附加组合时需注意四点：第一，主体不变或变化不大，即原有的事物、技术、思想等基本保持不变；第二，附加的事物只是起到补充完整主体的作用，不会导致主体大的变化；第三，附加的事物有两种：第一种是已有的事物，第二种是根据主体的情况专门设计的新事物；第四，附加的事物都是为主体服务的，用于弥补主体的不足。因此，在运用主体附加组合时应该全面考虑，权衡利弊，否则会事与愿违，费力不讨好。比如，有的文具盒由于附加物过多，既价格昂贵，又容易分散学生的注意力，所以不少老师禁止学生携带布满按键开关的文具盒到学校。

4.重组组合

重组组合简称重组，是指在同一个事物的不同层次上分解原来的事物或组合，然后再以新的方式重新组合起来。重组组合只改变事物内部各组成部分之间的相互位置，从而优化事物的性能，它是在同一事物上施行的，一般不增加新的内容。

任何事物都可以看作由若干要素构成的整体。各组成要素之间的有序结合，是确保事物整体功能和性能实现的必要条件。如果有目的地改变事物内部结构要素的次序，并按照新的方式进行重新组合，以促使事物的功能和性能发生变革，这就是重组组合。重组组合能引起事物属性的变化。重组组合的魅力在电影剪辑技术中，如果把镜头的次序改变，很可能产生完全不同的效果。请看以下三个镜头：

①一个人在笑；②枪口对准了他；③他一脸恐惧。按照上述顺序放映，观众看到的将是一个懦夫的形象。如果将三个镜头重组，按照②，③，①的顺序放映，观众得到却是有人在开一场玩笑的印象。如果按照③，②，①的顺序重组，观众看到的将是一个逐渐坚强起来的勇士。

如果把现有事物重新组合，很可能得到新的事物。我们要善于把各种事物进行重新组合，从而催生新物，产生新意。如传统玩具中的七巧板、积木，现在流行的拼板、变形金刚等，就是让孩子们通过一些固定板块、构件的重新组合，创造出千姿百态、形状各异的奇妙世界。组合玩具之所以很受儿童欢迎，是因为不同的组合方式可以得到不同的模型。

重组组合有三个特点：第一，重组组合是在一件事物上施行的；第二，在重组组合过程中，一般不增加新的东西；第三，重组组合主要是改变事物各组成部分之间的相互关系。在进行重组组合时，首先要分析研究对象的现有结构特点；

其次要列举现有结构的缺点，考虑能否通过重组克服这些缺点；最后确定选择什么样的重组方式，包括变位重组、变形重组、模块重组等。

第四节　创新能力提升

知识经济时代是一个不断创新、创意、创造的时代，21世纪知识经济快速发展，要求其社会成员有更大的适应性和更高的创新能力，这种能力不管对社会还是对个人来说，都具有重要的意义。

当代大学生不仅要有强烈的创新意识、良好的思维能力和丰富的创新办法，还要有持之以恒的忍耐力，更重要的是还要有使这些方面有机结合的综合能力。正如一位学者所说的："既要异想天开，又要脚踏实地。"为此，高校必须在创新教育中重视大学生创新能力的提升，促进其全面成长成才，成为社会需要的创新型人才。

一、创新能力的含义和原理

（一）创新能力的含义

综观近十年的研究成果，虽然国内学者对创新能力的理解各不相同，但他们对创新能力内涵的阐述基本上可以划分为以下三种观点。

第一种观点以张宝臣、李燕、张鹏等为代表，认为创新能力是个体运用一切已知信息，包括已有的知识和经验等，产生某种独特、新颖、有社会或个人价值的产品的能力。它包括创新意识、创新思维和创新方法技能三部分，核心是创新思维。

第二种观点以安江英、田慧云等为代表，认为创新能力表现为两个相互关联的部分，一部分是对已有知识的获取、改组和运用；另一部分是对新思想、新技术、新产品的研究与发明。

第三种观点从创新能力应具备的知识结构着手，以宋彬、庄寿强、彭宗祥、殷石龙等为代表，认为创新能力应具备的知识结构包括基础知识、专业知识、工具性知识或方法论知识及综合性知识四类。上述三种观点，尽管表述方法有所不同，但基本上都是对创新能力内涵不同维度的解释。

综上，创新能力是指运用知识和理论，在科学、艺术、技术和各种实践活动领域中不断：提供具有经济价值、社会价值、生态价值的新思想、新理论、新方法和新发明的能力。它是一种综合能力，是以广博的知识为基础的。它并非间接作用于创新实践活动，而是直接影响和制约着创新实践活动的进行，是创新实践活动赖以启动和运转的操作系统。

对于大学生来说，创新能力更多的是指学生在学习过程中所表现出来的探索精神，发现新事物、掌握新方法的强烈愿望，以及运用已有知识创造性地解决问题的能力。

（二）创新能力的原理

创新能力形成的原理包含以下4点。

（1）遗传是形成人类创新能力的生理基础和必要的物质前提。它潜在决定着个体创新能力未来发展的类型、速度和水平。

（2）环境是人的创新能力形成和提高的重要条件。环境的优劣影响着个体创新能力发展的速度和水平。

（3）实践是人的创新能力形成的唯一途径。实践也是检验创新能力水平和创新活动成果的尺度标准。

（4）创新思维是人的创新能力形成的核心与关键。创新思维的一般规律是：先发散而后集中，最后解决问题。

二、创新能力的特征及类型

（一）创新能力的基本特征

一般来说，创新能力具有两方面的特征：综合独特性和结构优化性。

综合独特性指观察创新人物的能力构成时，会发现没有一个是单一的，都是几种能力的综合，这种综合是独特的，具有鲜明的个性色彩。

结构优化性是创新人物的能力在构成上呈现出明显的结构优化特征，而这种结构是一种深层或深度的有机结合，能发挥出意想不到的创新功能。

对大学生而言，他们正处于身心、学识不断发展的阶段，在外界环境和自身因素的作用下，其创新能力表现出以下基本特征。

1.主动性

主动性表现为大学生主动地学习、参与各项科研创新活动，充分发挥自身主体的积极作用。高等教育中既需要教师发挥主导作用，积极引导，更需要学生发挥能动性，主动参与，只有把两者有机地结合起来，才能使学生在深层次的参与中，通过自主的"做"与"悟"，培养创新能力，发挥个性优势。

2.实践性

实践是创新的源泉，也是人才成长的必经之路。个人的能力包括创新能力都是在社会实践中形成和发展起来的。大学生创新能力的培养无论是培养的目的、途径，还是最终结果，都离不开实践。创新本身就是一种创造性的实践，必须坚持以实践作为检验和评价大学生创新能力的唯一标准。

3.协作性

创新能力的协作性表现为由若干人或若干单位共同配合完成某一任务。大学生的创新能力不只与他们的智力因素有关，个性品质中的协作特征作为非智力因素在很大程度上就影响着他们创新潜能的发挥。大学生创新能力的发展必须基于协作精神的树立，这是具有创新能力的重要特征。

4.发展性

创新能力的发展性表现在创新能力不是一成不变的，它是一种潜在的综合能力，受多种内外因素的影响，大学生正处于身心不断发展的阶段，其创新能力必然随着个体知识结构、思维方式的进步及更多深层次的实践活动而不断提升。

（二）创新能力的主要类型

1.学习能力

学习能力指获取、掌握知识、方法和经验的能力，包括阅读、写作、理解、表达、记忆、搜集资料、使用工具、对话和讨论等能力。学习能力还包括态度和习惯，比如"活到老学到老"的终身学习的态度和信念。个人具有学习能力，组织也具有学习能力，人们把学习型组织理解为：通过大量的个人学习特别是团队学习形成的一种能够认识环境、适应环境，进而能够能动地作用于环境的有效组织。也可以说是通过培养弥漫于整个组织的学习气氛，充分发挥其自身的创造性思维能力而建立起来的一种有机的、高度柔性的、扁平的、符合人性的、能持续发展的组织。在如今竞争激烈的时代，一个人或一个组织的竞争力往往取决于个人或组织的学习能力，因此，无论对于个人还是对于组织而言，其竞争优势就是有能力比其竞争对手学习得更多、更快。所以，管理大师德鲁克说："真正持久的优势就是怎样去学习，就是怎样使得自己的企业能够学习得比对手更快。"

2.分析能力

分析能力指把事物的整体分解为若干部分进行研究的技能和本领。事物是由不同要素、不同层次、不同规定性组成的统一整体。认识事物的有效方式之一就是把它的每个要素、层次、规定性在思维中暂时分割开来进行考察和研究，弄清楚每个局部的性质、局部之间的相互关系，以及局部与整体的联系。做到由表及里、由浅入深、由易到难地认识事物和问题。

分析能力的高低强弱与三个因素有关：一是个人的知识、经验和禀赋；二是分析工具和方法的水平；三是共同讨论与合作研究的品质。随着科学技术的发展，高性能计算机和各种科学仪器及新的分析方法的出现和应用，有效地提高了人们的分析能力。当然，分析能力也有局限性和片面性，容易使人只见树木、不见森林，忽视从整体上把握事物。因此，通常把分析能力与综合能力结合起来运用，将会取长补短、相辅相成。

3.综合能力

综合能力是强调把研究对象的各个部分结合成一个有机整体进行考察和认识的技能和本领。综合是把事物的各个要素、层次和规定性用一定的线索把它们联系起来，从中发现它们之间的本质关系和发展的规律。具体来讲，综合能力包括以下三项内容。一是思维统摄与整合，就是把大量分散的概念、知识点及观察和掌握的事实材料综合在一起，进行思考、加工、整理，由感性到理性、由现象到本质、由偶然到必然、由特殊到一般，对事物进行整体把握。二是积极吸收新知识，综合能力需要多方面的知识和方法，不断吸收新知识，不断更新知识都是必要的，特别是要学会跨学科交叉，把不同学科的知识、不同领域的研究经验融会贯通，才能更好综合。三是与分析能力紧密配合，仅有综合能力，也有局限性和片面性，即缺少深入的、细致的分析，细节决定成败，在认识事物时也是如此，只有与分析能力相互配合，才能正确认识事物，实现有价值的创新。

4.想象能力

想象能力指以一定的知识和经验为基础，通过直觉、形象思维或组合思维，不受已有结论、观点、框架和理论的限制，提出新设想、新创见的能力。想象力往往是发现问题和解决问题的突破口，在创新活动中扮演"突击队"和"急先锋"的角色，缺乏想象力的人很难从事创新工作。

5.批判能力

批判能力表现在两个方面：一方面，在学习、吸收已有知识和经验时，批判能力可以保证人们不盲从，而是批判性地、选择性地吸收和接受，去粗取精、去伪存真；另一方面，在研究和创新时，质疑和批判是创新的起点，没有质疑和批判就只能跟在权威及定论后面亦步亦趋，不可能作出突破性贡献。科学技术史表明，重大创新成果通常都是在对权威理论进行质疑和批判的前提下作出的。

6.创造能力

创造能力是创新能力的核心，它是指首次提出新的概念、方法、理论、工具、解决方案、实施方案等的能力，是创新人才的禀赋、知识、经验、动力和毅力的综合体现。

7.解决问题能力

解决问题能力包括提出问题和凝练问题，能针对问题选择和调动已有的经验、知识和方法，设计和实施解决问题的方案，对于难题，能够创造性地组合已有的方法乃至提出新方法来予以解决。解决问题分为狭义和广义，狭义地解决问题就是人们通常认为的各种问题的解决，如物理问题、数学问题、技术问题；广义地解决问题则包括各种思维活动，在这种情况下，创新能力就等同于创新性解决问题的能力。

8.实践能力

实践能力是特指社会实践能力。提出创造发明成果，只是创新活动的第一个阶段，要使成果得到承认、传播、应用，实现其学术价值、经济价值和社会价值，必须要和社会打交道，实践能力就是为实现这一目标而进行的各种社会实践活动的能力。

9.协调能力

协调能力的实质是通过合理调配系统内的各种要素，发挥系统的整体功能，以实现目标。对于创新人才来说，要完成创新活动，就要协调各方，当拥有一定资源时，就可以通过沟通、说服、资源分配和荣誉分配等手段来组织协调各方，以最终实现创新目标。

10.整合能力

创新人才的宝贵之处不仅在于拥有多种才能，更重要的是能够把多种才能有效地整合在一起并发挥作用。整合能力是能力增长和人格发展的结果，这需要通过学习、实践和人生历练。能否完成重大创新，拥有整合多种能力的能力是关键。

在实际创新实践中，不可能要求参与创新活动的每一名成员均具备上述各项创新能力。事实上，目前盛行的分科式教育也不可能大量地培养出具备这些能力的人才。在我国，重知识储备、轻能力训练的教育模式存在着诸多不利于创新的弊端，所以，需要大力发展继续教育。在各类创新实践中培育、提高专业技术人员的创新能力，是我国继续教育工作的重要使命。

三、提升大学生创新能力的原则和对策

提升大学生创新能力既是实现中华民族伟大复兴的战略抉择，又是大学生自身成长成才的内在需要，涉及价值取向、教育改革、物质保障、社会机制及人文环境等方方面面，只有充分认识其重要性，并按照一定的客观原则对症下药、多管齐下、综合培养，才能取得实质性的进展。

（一）提升大学生创新能力的意义

创新能力是一个民族兴盛、进步和立足于世界之林的灵魂，是增强国家核心竞争力的不竭动力。在当今社会，国家间的竞争说到底就是人才创新能力的竞争。

1.提升大学生的创新能力是推进科教兴国战略、参与国际竞争、提高我国综合国力和国际地位的需要

一直以来，许多专家学者在探究穷国与富国的差距根源时，都得出这样的结论：富国雄厚国力的积累来自国民丰富的创新创造能力。而那些穷国的国民的创

新创造能力却被种种因素所限制。正因为这样，联合国对缩小贫富国家之间的差距所提出的对策之一，就是加速开发落后国家国民的创新创造能力。

如今，各国之间竞争的重点已经转化为以经济、科技为中心的综合国力的较量，而归根到底则是作为科技载体的人才的竞争，谁率先拥有了具备较强创新能力的人才，谁将在这场激烈的国际竞争中争取到更大、更宽松的发展环境。近代中国在国际竞争中遭受的深重灾难，就是血的教训。我国与西方国家在教育模式上的差距，使我们不得不面对的现实是我国的科技水平在短时间内不能赶超发达国家，在某些领域甚至差距愈拉愈大，科学技术应用于生产力的转化周期相对较长。因此，党和国家将科教兴国确定为我国的基本国策是完全正确活的。实施科教兴国战略，教育是基础，以创新能力教育为重点的高等教育，必须在科教兴国战略中发挥培养创新人才的龙头作用。

2.提升大学生的创新能力是应对新世纪经济全球化和科学技术发展带来的挑战的需要

冷战结束后，世界科学技术迅猛发展，一个以知识和信息为基础的，竞争与合作并存的全球化市场经济正在形成。美国经济从1993年3月复兴以来到"9-11"，事件前持续八年快速发展，其主要原因，就是美国重视知识创新、重视更新技术。一个国家特别是像我们这样代大学生具有创新能力，因而，也就必须接受创新教育。

3.提升大学生的创新能力是完成我国社会主义初级阶段的发展战略

从大的社会发展阶段来说，我国还处于社会主义初级阶段；从世界范围的横向比较来说，我国虽然经济总量已经居于前列，但人均收入仍较低，经济文化也相对落后。鉴于此，对于承担祖国未来建设主力军任务的大学生来说，就要义无反顾地承担起历史和时代赋予的使命，全面提高创新能力，为社会创造更多、更好的物质和精神财富，为全面建设小康社会贡献力量。

4.提升大学生的创新能力是全面推进素质教育的需要

全面推进素质教育，意味着以往的教育观念和教育模式将发生根本性的变革。以往的人才培养模式存在着两大弊端：一是由于对教育的本质缺乏全面的理解，导致只重视智育、过分重视知识灌输与考试分数，忽视创新能力的培养；二是由于对"人的全面发展"缺乏本质的理解，造成德育、智育、体育、美育等诸方面教育各据一条线，发展不均衡。素质教育的重要方面是培养大学生的创新能力，而创新能力的培养，只有通过创新教育才能达到预定的目标。大学生的创新能力，是通过系统的学校教育来实现的。学生良好的素质一经形成，就会进入不断建构的轨道，并且会成为推动自身健康成长的内在力量。

5.提升大学生的创新能力是实现人的现代化的需要

由知识型向智能型转变，是人的现代化的重要体现。这种转变不是否定知识的传授，传授知识是为了发展能力，传授知识依然是高等教育的重要任务。创新能力必须有坚实的知识基础和熟练的思维技巧。每一门学科都有其基础知识、基本理论和基本方法，这都是人们在认识有关事物的本质和规律的过程中建立和完善起来的。在传授知识的同时，就必须加强实践环节，使学生掌握科学的思维方法，培养学生科学的思维能力和独立获取知识的能力，使学生从被动接受知识转变为主动建立起自己的知识和能力体系，这是创新能力培养的基本思路。

面对时代发展提出的诸多挑战，只有认识创新能力、分析创新能力，进而掌握培养创新能力的基本方法，使我们培养出的大学生具备一定的创新能力，为社会作出更大的贡献，才能牢牢把握住时代发展的主动权。

（二）提升大学生创新能力的原则

在提升大学生创新能力的过程中，应遵循四条基本原则。

1.个性化原则

每个人都是一个特殊的不同于他人的现实存在。从某种意义上说，个性化就是创造性的代名词，没有个性，就没有创造。因此，培养大学生的创新能力必须遵循个性化原则，因材施教，重在激发大学生的主动性和独创性，培养其自主的意识、独立的人格和批判的精神。确立教育的个性化原则，第一，要走出思想认识上的误区。要从"将全面发展与个性发展对立起来"的误区中解放出来，从"将全面发展理解为平均发展"的误区中解放出来，正确理解马克思关于全面发展的理论；要从对"教育平等"的错误理解中摆脱出来，承认差异，发展差异，鼓励竞争，鼓励冒尖，不求全才，允许偏才、奇才、怪才的生存与发展。第二，要从小培养和强化大学生的自主意识和独立人格。家长和教师都要彻底改变"听话就是好孩子、好学生"的陈腐观念，以民主平等的态度对待孩子和学生，鼓励他们大胆质疑，逢事多问一个"为什么""怎么样"，自己拿主意，自己做决定，不依附，不盲从，引导和保护他们的好奇心、自信心、想象力和表达欲，使他们逐步养成自主、进取、勇敢和独立的人格。第三，要因材施教。所谓因材施教，就是针对人的能力、性格、志趣等具体情况施行不同的教育。教师要善于激发学生的求知欲和创造欲，鼓励学生大胆发言，勤思考，多讨论，在所有的环节中把批判能力、创新性思维和多样性教给学生，培养学生的创新精神，努力创造一种宽松、自由、民主的"教学相长"的良好氛围。

2.系统性原则

所谓系统，是由相互联系、相互作用的若干要素，以一定结构组成的，具有一定整体功能的有机整体。根据一般系统论原理，一方面，培养大学生的创新能力是一个包括培养创新意识、创新精神、创新思维、创新方法等诸要素的有机整体，绝不能割裂开来；另一方面，培养大学生的创新能力，是一项庞大的社会系统工程，需要政府、学校、家庭、社会各方面的共同参与，封闭式的教育是没有出路的。系统科学理论为我们培养大学生创新能力提供了方法论的启示和指导。培养大学生的创新能力作为一项系统工程，需要解决三个比较突出的问题。一是要进一步加大教育改革力度。教育在人的全面发展和社会进步中具有先导性作用。我国现行的应试教育模式已不适应社会主义市场经济和知识经济发展的要求，必须进一步深化教育改革，认真贯彻落实《中共中央国务院关于深化教育改革全面推进素质教育的决定》，尽快实现从应试教育向以培养创新精神为核心的素质教育的转变。深化教育改革，最关键的是要把教育建立在市场机制的基础上，使教育面向市场，适应市场要求。要以市场对劳动者需求的变动，调整教育的方针、内容；用市场来配置教育资源，调整、集中、重组现有的教育资源，促进产学结合，大力发展民办教育，增加新的教育投入；改革教育行政管理模式，依靠市场机制调整教师与其他职业工资及教师内部工资的对比关系，提高教师队伍的质量。二是要尽快在全社会建立激励大学生创新的价值导向机制。社会价值取向具有激励和、约束两方面作用。个人能力的发展方向如果与社会的激励方向一致，则可以达到较高的速度，并受到援助和尊重；培养大学生的创新能力，一定要建立鼓励探索、冒险、质疑和创新'/的激励机制，包括社会激励、市场激励和政府激励，形成新的价值导向。三是要加速以大学/生活动中心、博物馆、天文馆、图书馆等为主体的知识基础设施建设和以多媒体电化教学为/标志的教育技术现代化进程，为培养大学生的创新能力提供有效载体和物质保障。

3.实践性原则

实践是人所特有的对象性活动，是人类的存在方式。马克思主义认为，实践改造自然，不仅仅是改变自然物的形态，更重要的是在自然物中贯注＞＜的需要、目的和本质力量，使其从"自在之物"转化为"为我之物"，从而创造出按照自在世界本身的运动不可能产生的事物。实践分化世界的过程，实际上就是按照人的样子来组织世界和创造世界的过程。培养大学生创新能力，无论是培养的目的、途径，还是最终结果，都离不开实践。遵循实践性原则，就是坚持马克思主义的教育观和人才观，坚持创新是一种创造性的实践，坚持以实践作为检验和评价大学生创新能力的唯一标准。

4.协作性原则

所谓协作是指由若干人或若干单位共同配合完成某一任务。大学生的创新能力不只与他们的智力因素有关，非智力因素也在很大程度上影响着他们创造潜能的发挥。个性品质中的协作特征就是这样一种因素。许多教育界人士曾经反复呼呀，目前我国独生子女的一个严重问题就是不善于合作与交往。世界国民教育的主旋律也已经从培养儿童"学会生存"转变成培养儿童"学会关心"。有人对诺贝尔奖获得者的工作态度与方式进行了全面分析，发现1901—1972年期间在286位获奖者中，近三分之一的人是因为与他人合作进行工作而获奖。相比之下，未获奖的科学家中，只有很少的人与别人进行积极的合作。这个结果表明，与别人一起工作可以增加创造性。有一个基本的事实就是：现代科学的发展已经让任何一个人都无法在一生当中涉足科学技术的各个方面。要想在现有科学技术的基础上有所创造，就必须学会与别人进行"信息共享"。由此看来，人的创造性既是一种个人化的品质，也是一种社会化的特征。培养大学生的协作精神，首先要从小培养他们乐观、豁达、开朗的性格，学会与人相处、关心他人。其次要多让他们参加各种各样的集体活动，使他们学会在一个有竞争的集体中进行工作、学会在与人合作中进行创造。

（三）提升大学生创新能力的策略

大学生的创新能力对于国家发展和民族进步至关重要，特别是在我国改革开放深入发展阶段，大学生的创新能力成为经济社会可持续发展的保证。目前，我们对于提高大学生创新能力达成了共识，对促进大学生整体素质的提高极为有利。然而，对于促进大学生创新能力发展的外部环境和具体操作的策略还不是很完善，需要进一步加强。

1.不断增强大学生的主体意识

在大学生的教育和引导上，要尊重大学生主体人格、个人的权利、潜能和创新价值。要摒弃传统文化当中的"君让臣死，臣不得不死""父让子亡，子不得不亡"等思想，要正确理解类似"讲规矩""顺从听话"好孩子标准的定义，培养学生进行独立思考和进行创新思维。大学时期是自我意识发展和自我需要扩大的时期，大学生是一个价值观的继承者和接受者，要让他们逐渐学会对社会现象和社会价值的评判与选择，并在此基础上有新的发现和创造。大学生通过自觉和自主地追求价值目标，参与实践活动，接受社会的教育和影响，从而形成自身独特地对人对事的认识、体验、情感、评价和价值取向。我们不仅要教给大学生知识，而且要培养其情感和能力；不仅使大学生得到全面发展，而且使大学生的个性得到充分的发挥和展示，以使当代大学生成为具有创新能力的高素质人才。这是教育规律的必然要求，也是时代发展的必然要求。同时，要培养、爱护大学生的自信心理。自信心是一种心理健康的重要标志，是培养大学生创新能力发展的前提，只有具有自信心的人才能敢于探索世界。

2.提高创新能力培养在教育目标中的比例

从人格理论出发，大学生的创新素质都必须经由教育才能实现，大学生的创新教育过程要受到来自社会、家庭和个人的种种因素的影响和作用，而学校教育对大学生创新素质养成具有恒定性、权威性、组织性、强烈性作用。教育目标是创新素质养成的内控因素，它不仅是确立新教育理念的价值前提，同时也是规定开展创新素质养成的方向、基本任务和要求，是创新素质形成并起到积极作用的前提。依托国民教育，通过课堂教育充分发掘大学生创造潜能，应在内容与形式统一的基础上深化教育改革。由于创新素质教育所蕴含的内容极其丰富，目标思维涉及多层次、多目标序列，无论是教育理念、教育体制、教育模式的创新，还是教育内容、方法和手段的创新及教师与学生创新能力的培养和创新水平的提高都是目标。可是，创新素质的养成不可能一下子整体完成，只有通过分阶段和分部分性目标，才能逐步达到最终目标。因此，我们要对不科学的教育模式进行大胆改革，不断创新教育方法与理念，实施开放式教学，尽可能地加重创新教育在教育目标中的份额，还要在教育目标中加入科学的过程设计，调动学生的学习兴趣，保护学生的好奇心，触发他们的想象力和创造力，让学生成为教学互动的主体，让学生掌握获取知识的能力，而不仅仅是获得知识本身，真正实现教育目标由知识型向素质型转化。

3.创立与完善大学生创新能力培养的社会氛围

创新教育的实施是一项长期复杂的任务，而大学生创新能力的培养也不是一蹴而就的。促进大学生创新能力的发展不仅要有计划，而且要有可促进大学生创新能力发展的良好社会大环境，逐步激发大学生的创新意识，充分发挥其创新潜力，释放其创新激情，促使创新教育顺利有效进行。人的活动是社会互动的表现形式，人的一切活动都不能单纯地解释为个体的活动。大学生所置身其中的社会整体的创新素养的生长发育的现实状态及生活的具体社会文化和交往情境，就成为大学生创新意识、创新思维和创新能力培养的重要社会条件。为此，首先要通过教育和引导改变国民文化传统中的封闭、僵化思维方式，其次要提高国民科学文化素质，正确认识、对待社会文化发展的多样性特点，培育和发展社会文化的包容性、融合性和创造性，高度重视、全面提倡、大力支持和重点发展大学生的个性教育和创新教育。

4.建立专门教育机构以提供技术支持

为了保证创新人才培养目标的实现，有效管理和监督必不可少。国家及地方教育行政管理机关应当设立专门的教育机构，具体职责范围应当包括贯彻落实国家关于创新人才教育方面的法律、法规、规章，起草具体的实施办法并监督实施，组织本区域创新人才教育工作，厂K进行相关教育教学质量的评估和监控工作，建设专业队伍，落实教育经费、基本建设投资的具体政策等。

第五章　创业计划

第一节　创业计划概述

一、创业计划的作用

创业计划是创业的行动导向和路线图，既为创业者行动提供指导和规划，也为创业者与外界沟通提供基本依据。具体来说，创业计划具有以下三个方面的作用：

1.创业计划明确创业目标

有些创意听起来很好，但当我们按照商业开发的模式认真分析具体的实施细节时，就发现这个项目并不是可行的创业项目。进行创业计划的过程，就是帮助创业者明确创业目标，理清创业思路的过程。

创业计划本质上是创业者对自身经营情况和能力的综合总结和展望，是企业全方位战略定位和战术执行能力的体现。

2.创业计划体现创业行动

一项比较完善的创业计划，可以成为创业者的创业指南或行动大纲。创业计划与创业本身一样，是一个复杂的系统工程，它是企业对自身现状及未来发展战略全面思索和定位的过程。创业计划能反映创业者对项目的认识及取得成功的概率，它能展示出创业者的核心竞争力；最低限度反映创业者如何创造自己的竞争优势，如何在市场中脱颖而出，如何争取较大的市场份额，如何发展和扩张，种种"如何"会构成创业计划的说服力。若只有远景目标、希望而忽视"如何"，那么创业计划就只是"宣传口号"而已。

3.创业计划帮助创业者募集外部资源

作为企业融资的必备条件，创业计划就如同上市公司的招股说明书，是一份对项目进行陈述和剖析、便于投资商对投资对象进行全面了解和初步考察的文件。好的创业计划不仅能吸引投资者，更能吸引高素质的创业伙伴。

二、创业计划的内容

不同行业的创业计划形式有所不同，但从总的结构来看，所有的创业计划都应包括摘要、主体和附录三个部分。

（一）摘要

摘要是对整个计划最高度的概括。运用最精练的语言，浓缩计划书的精华。计划摘要是引路人，一般要在后面所有内容编制完毕后，再把主要结论性内容摘录于此，以求一目了然，在短时间内给使用者留下深刻的印象。在摘要中企业必须回答下列问题：

>企业所处的行业，企业经营的性质和范围；

>企业主要产品的内容；

>企业的市场在哪里，谁是企业的顾客，他们有哪些需求；

>企业的合伙人、投资人是谁；

>企业的竞争对手是谁，竞争对手对企业的发展有何影响：

>企业的优势在哪里；

>如何投资、投资数量和方式；

>投资回报及安全保障。

摘要如同推销产品的广告，编制人要反复推敲，力求精益求精，形式完美，语句清晰流畅而富有感染力，以引起投资人阅读创业计划书全文的兴趣。特别要详细说明自身企业的不同之处以及企业获取成功的市场因素。

（二）主体

创业计划书的主体部分是整个计划书的核心。主体部分的内容要翔实，在有限的篇幅之内充分展示创业者要说明的全部内容，主体部分按照顺序一般包括以下几个方面：

1.企业（项目）介绍与战略

这一部分是向战略合伙人或者风险投资人介绍融资企业或项目的基本情况。如果企业处于种子期，现在也只有一个美妙的商业创意，应重点介绍创业者的成长经历，求学过程，并突出其性格、兴趣爱好与特长，创业者的追求，独立创业的原因以及创意如何产生。如果企业处于成长期，应简明扼要介绍公司过去的发展历史、现在的状况以及未来的规划。在描述公司发展历史时了所有的经验都要写，特别是对以往的失误，不要回避。对失误进行客观的描述，中肯地进行分析，反而能够赢得投资者的信任。

2.技术产品（服务）介绍

投资人最关心的同题之一就是企业的产品、技术或服务能否以及在多大程度上解决现实生活中的同题。或者，企业的产品（服务）能否帮助顾客节约开支，增加收入，这是市场销售业绩的基础。在这一部分，要对产品（服务）做出详细的说明，说明要准确，也要通俗易懂，让非专业人员的投资者也能明白。

3.行业、市场分析预测

行业与市场分析主要对企业所在行业基本情况、企业的产品或服务的现有市场情况、未来市场前景进行分析，使投资者对产品或服务的市场销售状况有所了解。

4.市场营销策略

企业的盈利和发展最终都要拿到市场上来检验，营销成败直接决定了企业的生存命运。营销策略的内容应包括：①营销机构和营销队伍的建立；②营销渠道的选择和营销网络的构建；③广告策略和促销策略；④价格策略；⑤市场渗透与开拓计划；⑥市场营销中意外情况的应急对策等。

5.生产计划（运作分析）

生产制造计划旨在使投资者了解产品的生产经营状况。这一部分应尽可能把新产品的生制造及经营过程展示给投资者。同时，为了增大企业的评估价值，企业家应尽量使生产制造计划更加详细、可靠。

6.管理团队介绍

投资者非常看重管理团队。这部分主要是向投资者展现企业管理团队的结构、管理水平和能力、职业道德与素质，使投资者了解管理团队的能力，增强投资信心。

7.财务分析与预测

这部分包括公司过去若干年的财务状况分析、今后三年的发展预测及详细的投资计划。旨在使投资者据此判断企业未来经营的财务状况，进而判断其投资能否获得理想的回报，而它是决定投资决策的关键因素之一。

8.融资计划

融资计划主要是根据企业的经营计划提出资金需求数量，融资的方式、工具，投资者的权益、财务收益及其资金安全保证、资金退出方式等，它是资金供求双方共同合作前景的计划分析。

9.风险分析

向投资者分析企业可能面临的各种风险隐患、风险的大小以及融资者将采取何种措施来降低或防范风险增加收益等。

融资者最好采取客观的态度，不能因为风险发生的可能性小而忽略不计，也不能为了增大获得投资的机会而故意缩小、隐瞒风险因素，而应该对企业所面临的各种风险都认真地加以分析，并针对每一种可能发生的风险提出相应的防范措施，这样才能取得投资者的信任。

（三）附录

创业计划的附录应包括媒介关于公司产品的报道，公司产品的样品、图片及说明，有关公司及产品的其他资料。

以上是创业计划的全部内容。根据公司及项目具体情况的不同，创业者可以在此基础上结合实际情况增添或删改。对不同公司而言，各要点的轻重程度是不一样的。哪些是最重要的，需要强调，哪些是无关紧要的，可以一笔带过，应视情况而定。

一般来说，投资者最关心的问题主要是两点：①创业者的商业创意、产品和服务是否具有唯一性；②该公司管理阶层能否胜任。因此创业者在编写创业计划书时一定要对这两方面着力进行分析。另外，获取利益是投资者的根本目的，及早收回资金是其投资的前提，所以未来收益的预测及设计和风险资金的退出之路也是计划书应分析的重点。

三、创业计划中的信息收集

创业收集的信息是指在一定的时间和条件下，与生产与服务经营活动相关的各种信息、情报、数据、政策法规、资料等的总称。创业时应该了解与创业有关的或与今后创立的企业相关的市场信息，准确地预测市场行情，化解未来的不确定性因素。一般来说，企业收集的信息主要包括以下几个方面：

1.政治政策信息

不同的国家有着不同的社会性质，不同的社会制度对组织活动有着不同的限制和要求。即使社会制度不变的同一国家，在不同时期，政府的方针、政策、对经济活动的态度和影响也是不断变化的。主要的政治政策信息有：

（1）政府管制，体现为企业必须无条件服从和接受，如药品安全、食品卫生、危险品制造等方面。管制的目的是为了保证国家及全民利益不受损害，是强制执行的。如果创业企业在选择项目时不了解相关政策，企业将会遭受损失。

（2）经营许可，经营许可是指个人或企业获得合法经营某项业务的授权。并不是所有经营都要许可，但有些行业是必需的，如我国的医药、食品生产销售、种子经营、林木采伐、资源开采、房屋拆迁、公路客运、汽车维修、民航客票销售代理、营业性射击场、小件寄存、证券资信评估、企业信用评价等。

（3）产业政策与贸易协定，包括政府的产业政策、投资政策和反垄断法规。入世以来，中国国内的产业已经成为国际产业分工体系的一个组成部分，基本上所有的行业都处于与国际企业同一舞台竞争的地位，因而必须了解有关国际贸易协定的规定和发展趋势信息。

（4）税收优惠与政策鼓励，税收是国家调控经济的政策杠杆，它的变化直接影响着创业企业及创业者个人有收入。关注并利用国家的税收优惠政策可以有效地缓解创业初期资金的压力。此外，需注意搜集地区性的创新创业鼓励政策，如提供政府补贴、基金支持、担保融资、低息甚至贴息贷款，税收减免，给予场地减租等。

不少地方政府对大量安置下岗职工与残疾人的企业给予财政支持或税收减免等，这些都是创业者应该充分利用的政府政策信息。1987年中国诞生了第一个科技企业孵化器—武汉沧业服务中心。它为创业青年提供创业培训、政策引导、资金扶持、融资对接等全方位措施。

2.经济信息

经济发展状况主要包括宏观和微观两个方面的内容。

宏观经济环境主要包括社会经济结构、经济发展水平、经济体制改革和国家经济政策等方面的内容；微观经济环境主要指企业所在地区或所服务地区的消费者的收入水平、消费偏好、储蓄情况、就业程度等因素。这些因素直接决定着企业耳前及未来的市场大小。

主要的经济发展状况信息包括：国内生产总值（GDP）及其增长率、贷款的可得性、可支配收入水平、居民消费（储蓄）倾向、利率、通货膨胀率、规模经济、政府预算赤字、消费模式、失业趋势、劳动生产率水平、汇率、证券市场状况、外国经济状况、进出口因素、不同消费群体间的收入差别、价格波动、货币与财政政策等信息。

3.社会文化和人口统计信息

社会文化环境包括一个国家或地区的居民教育程度和文化水平、宗教信仰、风俗习惯、价值观念等。文化水平会影响居民的需求层次；宗教信仰和风俗习惯会禁止或抵制某些活动的进行；价值观念会影响居民对组织目标、组织活动以及组织存在本身的认可。

4.技术发展信息

技术发展趋势除了要考察与企业所处领域的活动直接相关的技术手段的发展变化外，还应及时了解：①国家对科技开发的投资和支持重点；②该领域技术发展动态和研究开发费用总额；③技术转移和技术商品化速度；④专利及其保护情况等。

5.竞争者信息

行业竞争者信息实际上是指市场同类商品供给者状况的相关信息。要特别注意主要竞争对手、主要经营者的变动情况，行业龙头企业的技术水平，竞争对手的产品品种、质量标准和服务特色、品牌建设、销售方式、市场占有率等信息的收集。不仅要关注和收集来自同行业的相关产品，还要关注和收集来自供应商、客户、替代品、新加入竞争者等多方面的信息；有些行业新技术不断涌现，产品更新换代很快，特别要注意收集行业技术创新、研发动态和替代品威胁方面的信息。

6.目标客户信息

目标客户是指企业或商家提供产品、服务的对象。目标客户信息主要包括目标消费者的购买动机、购买意愿、购买水平、购买习惯、品牌认可等。

四、市场调研的内容和方法

（一）市场调研的内容

市场调研的内容涵盖新创企业从事市场营销活动将要涉及的全部领域，所以范围相当广泛。主要的内容和方法有以下几个方面。

1.市场环境调查

市场环境调查包括政治与法律环境的变化调查、经济和科技的发展调查、人口状况调查、社会时尚变化和竞争状况调查。市场环境调查也可以分为政策调查和行业调查。

（1）政策调查。企业总在一定的市场环境下生存，在生产经营中必须遵守国家政策、法律法规和宏观调控的要求，具体包括：

>与所经营的业务、开展的服务项目有关的政策和法律信息。

>国家是鼓励还是限制你所开展的业务？

>国家对你开展的业务有什么管理措施和评价方法？

>宏观经济是否景气，是否影响消费者的购买力？

（2）行业调查。在行业分析中应该正确评价所选行业的基本特点、竞争状况以及未来的发展趋势等内容，具体内容包括：

>该行业的发展程度如何？现在的发展动态如何？

>经济发展对该行业的影响程度如何？政府是如何影响该行业的？

>是什么因素决定着它的发展？过去十年的价格趋势如何？

/该行业竞争的本质是什么？你将采取何种战略？

>进入该行业的障碍是什么？你将如何克服？

>该行业中典型企业的回报率是多少？未来十年的价格走向如何？

2.市场需求调查

市场需求调查包括市场需求总量及其构成的调查、各细分市场及目标市场的需求调查、市场份额及变化情况的构成调查。

需求调查就是要通过调研弄清楚公司的产品或服务在多大程度上可以解决顾客现实生活中的问题和困难，或者公司的产品或服务可以为顾客节省多少开支、增加多少收入，具体包括：

>顾客希望企业的产品能解决什么问题？顾客能从企业的产品中获得什么好处？

>企业的产品或服务与竞争对手相比有哪些优缺点？顾客为什么会选择本企业的产品或服务？

>消费者接受网络或微信营销吗？

>目标顾客群都选择哪种宣传方式？

3.消费者行为调色

消费者行为调查包寤消费者需求调查、'购买心理调查、动机调查、购买模式和购买行为影响消费者购买决策的主要因素和消费者需求变化趋势分析等。

>目前该行业还存在哪些未被满足的需求？

>创新和技术进步在该行业扮演着一个怎样的角色？

>顾客更喜欢什么样的销售模式？

>企业的产品可以满足顾客哪些物质或精神的需求？

（二）市场调研的方法

1.观察法

观察法是指收集信息的工作人员凭借自己的感官和各种记录工具，深入现场，在被观察者未察觉的情况下，直接观察和记录被观察者的行·为，以收集也场信息的一种方法。

观察法的优点是可以实地记录市场现象的发生，能够获得直接、具体、生动的材料，具有可靠性高、简便易行、灵活性强等优点。例如，可口可乐的总裁，在来我国参加经济高峰期间，亲自到上海大街小巷的商场中"散步"——这是在进行观察法调研。

观察法主要应用于城市集贸市场调查商品的信息。这是市场调查中最常见的方法。

2.调查法或询问法

调查法或询问法是指调查人员将事先拟订的调查项目或问题以当面、书面或电话的方式向被调查者提出询问，要求给予答复，由此获取被调查者的动机、意向、态度等信息。

询问法主要分为面谈调查、电话调查、邮寄调查、留置询问调查表调查四种。它们有各自的优缺点：①面谈调查能直接听取对方意见，富有灵活性，但成本较高，结果容易受调查人员技术水平的影响；②电话调查速度快，成本最低，但只限于在有电话的用户中调查，且用户往往不耐心回答；③邮寄调查速度快，成本低，但回收率很低；④留置询问表调查可以弥补以上缺点，由调查人员当面交给被调查人员问卷，再由调查人员定期收回。

3.网络调查法

泛指在网络上发布调研信息，并在互联网上收集、记录、整理、分析和公布网民反馈信息的调查方法，是企业利用互联网了解和掌握市场信息的方式。它是传统调查方法在网络上的应用和发展。具有自愿性、定向性、及时性、互动性、经济性与匿名性等特点。

网络调查法是通过互联网、计算机通信和数字交互式媒体，按照事先已知的被调查者的 E-mail 地址发出问卷收集信息的调查方法。

网结调查的大规模发展源于 20 世纪 90 年代。网络调查与传统的调查方法相比，在组织实施、信息采集、调查效果、调查速度方面具有明显的优势。

第二节　善创业构思

在创业的过程中，有两种人是企业无法离开的，一是顾客，二是竞争对手。所以在创业前，顾客和竞争对手也是需要重点关注的两个方面。顾客是创业者的衣食父母，没有顾客的青睐，产品将没有市场，创业者将得不到需要的市场盈利；而竞争者则是激励和促进创业者进步的动力。

了解营销目标一顾客

顾客就是购买商品的个人或组织，也叫作消费者。创业者需创业或投放某个产品时，必须了解顾客及市场的供求需要，否则事后的"硬销"广告，只是一种资源的浪费。创业者应从以下几个角度了解顾客。

1.为仟么要了解顾筲

没有顾客，企业就会倒闭。了解顾客也就是了解顾客的需要和需求。如果解决了顾客的难题，满足了他们的需要，企业就有可能成功；让顾客满意，就意味着带来更多的销售额和更高的利润。

2.顾客是什么

西方营销理论中的一个经营理念是"顾客至上"，传到中国后即被翻译为"顾客就是上帝"。"顾客就是上帝"说的是对待顾客就要像对待上帝一样恭敬，以顾客的感受为前提，尽最大努力提供最好的服务。

在当今市场竞争激烈的环境下，没有好的服务就不会有顾客上门，没有顾客，商场、工厂就没有办法生存，因此，顾客不仅是上帝，还是我们的"财神""衣食父母"和"市场"。

3，关注顾客的消费需求

创业者应从顾客对企业的重要性出发，从5个方面关注顾客的消费需求：

（1）目标客户属性：性别、年龄、职业、家庭收入、休闲活动、爱看的电视节目类型等；

（2）客户对产品服务需求和对产品服务的侧重点：如消费时间、消费人群、产品类别、产品口味（食用）、产品外包装、产品价格范围等；

（3）客户消费意愿：

＞什么样的价格太便宜，以至于顾客会怀疑产品的质量而不去购买？

＞什么样的价格非常便宜，并最能吸引顾客购买？

＞什么样的价格是贵的，但仍是顾客可接受的价格？

＞什么样的价格太高，以至于顾客不能接受？

（4）客户购买量多大？购买量主要是指购买数量和频率。顾客每次购买商品的数量越多，来商店购买商品的次数越频繁，企业所获得的收益将越大。顾客的购买量主要取决于顾客的购物欲望，当顾客的需求被充分满足，感觉自己受到重视，肯定了商品和服务的质量，就能促使顾客的购买欲望进一步提升，企业也可以通过一些促销的手段来刺激消费者购物，如抽奖、买即赠等。

4.如何了解你的顾客

顾客对企业的发展如此重要，创业者可通过多种渠道了解顾客的需求，常见的方式如下：

＞情况推测：利用自己的团队以及亲朋好友的经验来进行大胆的推测和预测。

＞利用行业渠道获得信息：通过阅读行业指南，调查相关的行业，商业报纸、杂志、电视和互联网等媒体了解。

/与业内人士交换信息：可以和竞争对手、顾客、销售人员、同行业的顾客进行交流和咨询。

＞可通过实地观察或问卷调查、网络调查的方法，调查顾客的喜好和消费习惯等。

综上所述，了解顾客可归纳为：在开办企业之前，必须先了解市场需要什么，即顾客需要什么；然后根据顾客需求去组织生产或进货销售。这就需要创业者通过各种方法去收集顾客的相关信息，通过这些活动，若发现目前的项目不可行，则应另辟蹊径，换一个角度，重新思考创业项目。

二、了解市场竞争——对手

（一）如何看待竞争对手

作为一个成熟的、优秀的创业者，一定会有这样的感慨，你的竞争对手不仅仅是你的敌人，更重要的是你学习的对象。竞争对手不仅给我们压力，也给我们动力。如果要让一个人成功，就必须给他一帮志同道合的伙伴，如果要让一个人取得伟大的成功，就必须给他一帮伟大的敌人，所以是竞争对手成就了现在的很多优秀企业。

（二）了解竞争对手的意义

古语云"知己知彼，百战不殆"。取其精华，去其糟粕。切实做到：人无我有，人有我优，人优我新，人新我特。也就是说，通过了解对手，才可以在既定的市场环境下，迅速找出新的解决问题的办法，使企业立于不败之地。

（三）从哪些方面了解对手

竞争对手的情况通常是行业机密，了解竞争对手的相关情况，对创业者来说是一个非常重要的问题。通常应从以下几个方面对竞争对手进行了解：

竞争对手的经营状况。经营得好还是坏？为什么好？为什么坏？

产品的价格是高还是低？他们的设备是否先进？

他们产品的质量怎么样？雇员的质量和服务怎么样？

他们怎样推销？怎么进行广告宣传？

他们有什么额外服务？怎样分销产品或服务？

他们的地点在哪里？长处和不足分别有哪些？

（四）通过什么途径了解竞争对手

可采取与收集顾客信息同样的方法来了解竞争对手。也可以"卧底"的身份，假扮顾客，向其员工打听，向其顾客了解，知悉竞争对手的相关资料。

（五）竞争对手分析

了解并收集竞争对手的信息后，就可以对其进行分析，帮助创业者更好地开展创业工作。

1."五个做什么"（5W）研究分析方法

5W即5Why，又称"为什么——为什么"分析，它是一种探索问题原因的方法。它是对一个问题连续发问5次，每一个"原因"都会紧跟着另外一个"为什么"直至问题的根源被确定下来。但5why不是说一定就是5个,可能是1个,也可能是10个问题都没有抓到根源。

创业者在运用"5W"对竞争者进行分析时,可尝试问下面5个问题:

-正在做什么?

-为什么那么做?

-没有做的是什么?

-做得好的是什么?

-做得不好的是什么?

2.有针对性地制定市场竞争策略

通过认真的分析、总结和归纳,可以更深入地了解竞争对手,有针对性地制定系统有效的市场竞争策略。创业者可针对以下原因分析制定出相应策略。

分析对手"没有做的"原因。

针对对手"没有做的"原因提出最佳的解决方案。

针对对手"做得好的"提出最佳的对策。

对手"做得丕尝的"提出更好的计策。

选择有利的"进攻武器",弄制定出相应的市场应对方案。

总之,我们要善于从竞争对手那里获得信息,从而努力打造既能满足顾客需要又优于竞争对手的产品或服务特色。相信通过我们的努力,一定可以建设优秀的服务、更便宜的价格,有特色的产品。

第三节 撰写创业计划书

创业计划书是创业的行动导向和路线图,即为创业者行动提供指导和规划,也为创业者与外界沟通、寻求帮助提供基本依据,因而对于创业成功具有十分重要的作用。

一、创业计划书的执行摘要

执行摘要,也称为执行总结。是创业计划浓缩之精华,反映创业计划书的全貌,是全部计划书的核心之处。执行摘要虽然在创业计划的最前面,但在动笔写摘要之前,创业者要先完成创业计划书的主体部分,然后在反复阅读主体部分的基础上,提炼出整个计划书的精华,再开始写摘要。执行摘要一般是2页,最多3页。摘要无须涵盖所有创业计划中涉及的内容,但要确保每一个关键问题都应该提到。凝练的创业计划执行摘要应涵盖以下8个关键点:

1.项目独特性

首先概括公司的亮点。通常，可以直接、简练地说公司拟解决某个重大问题的方案或技术。在第一段创业者可提到一些使人印象深刻的名字，比如公司的知名顾问、已合作过的大司、有名的投资公司等。

2.问题和解决方案

用简要的话来介绍公司的产品（服务），以及它解决了用户的什么问题。这部分主要陈述产品（服务）的价值定位、创意价值的合理性。陈述时应用通俗的语言，不要用缩写语或技术专用语。

3.面临的机会

通过描述公司所处行业、行业细分、巨大的市场规模、成长性和驱动因素以及美好前景，来展示企业的市场机会。创业者最好能在一个环境良好并能有一定增长的市场中占有较大份额，而不是在一个超大的成熟市场中占有较小的份额。

4.面临的问题

创业者需要清楚地描述当前或者是将会出现的某个重大问题，并提出解决问题的有效方法，以提高企业利润、降低成本、加快速度、扩张市场范围、消除低效及提高效率等。

5.企业的竞争优势

无论如何，你都有竞争对手，创业者必须明确自己真实的竞争优势，并写出与竞争者的竞争方案。

6.企业的商业模式

清晰地描述企业的商业模式——怎样赚钱？需要阐述公司在产业链、价值链上的位置，合作伙伴是谁，他们为什么要跟你的公司合作？企业是否已经有了收入，如果有，有多少：如果没有，什么时候会有。

7.展示创业团队

展示企业的团队风采，介绍核心管理团队的组成。不要只是简单地把每个成员的简历攒在一起，而应该解释每个团队成员的背景、角色、经历，为何有利于公司发展，以及成员间如何互补。

8.预测财务回报

可以用一个表格来展示公司的历史财务状况和未来的财务预测。这个财务预测需要展示5年的，这样才能看到企业持续的发展趋势。注意数据应客观，不能为突出业绩捏造数据。

二、产品（服务）分析

产品（服务）可行性分析是评估拟生产产品（服务）的总体吸引力。尽管创建新企业时要考虑多种要素，但其他要素都没有产品（服务）的吸引力重要。这个问题我们可以从两方面来分析：产品（服务）的合理程度与产品（服务）需求。

1.产品（服务）的合理程度

产品（服务）可行性分析的第一要素是确定拟生产产品（服务）是否为人所需、是否满足市场需求。先回答以下几个问题，以判断产品是否有基本吸引力：

该产品（服务）设计合理吗？

先寻找这几个问题的答案，不要急于得出最终结论。要寻找这些

问题的答案，方法之一是进行理念测试。

理念测试是指向产业专家和预期消费者初步描述产品（服务）理念——称为理念陈述，以征求他们的反馈意见。理念陈述书的篇幅一般为一页纸，包括以下内容：

>产品（服务）的描述。

>预期目标市场。

>产品（服务）的利益。

>产品（服务）竞争定位描述；

>如何销售产品（服务）的描述。

>企业管理团队简介。

理念陈述书写好后，应发给5~10名熟悉企业拟进入产业、且能够给出有见地反馈的人士。要避免向家人或朋友征求意见，因为他们倾向于给出肯定意见。相反，理念陈述书应该发给那些肯直言不讳、能给出有效反馈和意见的人士。陈述书上应附上一份简短调查表，请被调查者说出他对产品（服务）最不满意的三个方面，提出三个产品改进建议，直言他们对产品（服务）可行性的判断，以及说说其他意见与建议。陈述书应条理清晰、仔细准备。如果时间允许，陈述书可反复利用，以完善产品（服务）创意。例如，先将陈述书分发给一组产业专家、得到反馈、修订创意；再将陈述书发给第二组专家、得到更多反馈、再次修订创意，如此反复。

创业者搜集商业创意反馈意见的方法有很多种。有的创业者并不撰写正式的理念陈述书，而是向人们口述产品（服务）可行性。例如，proactivee的创建者之一凯蒂·罗丹医生在开发痤疮药Proactiv时，就在家举行晚宴，向客人们征集产品宝贵意见。她的客人包括企业管理者、市场研究人员、美国食品药品监督里局的监管律师及一家公司的财务总监等。Dry Soda公司的产品是供高档酒店用于菜品搭配的全天然苏打饮料，其创始人沙瑞勒·克劳斯先后征求了她丈夫的同事食品产业从业者和一位瓶装水公司老板的意见。在此过程中，她遇到一位化学家，在此人的帮助下，她开发出饮料配方。克劳斯还直接去酒店，让老板和厨师品尝她开发出来四种风味饮料：Rhubarb、Kumquat、Lavender和Lemongrass。

上述罗丹和克劳斯的做法不完善，没有使用书面理念陈述书，但她们与预期消费者面对面交流的方式颇有可取之处。因此，理想的做法是既准备书面理念陈述书，附上调查表，也要与尽可能多的产业专家和目标消费者进行口头交流。

2.产品（服务）需求

产品（服务）可行性分析的第二要素是确定市场对该产品（服务）是否有需求。通过购买意愿调查可以初步了解产品（服务）需求情况。

购买意愿调查是一种评估消费者对产品（服务）是否感兴趣的工具，由理念陈述书或其他类似产品（服务）描述与简短调查表组成。陈述书和调查表应分发给15 30名潜在顾客（不包括已参与过理念测试的人）。请每位被调查者阅读陈述书并完成调查表。调查表中的问题就像这样：

如果我们生产这样的产品（或提供这样的服务），你购买的可能性有多大？

一定会买。

很有可能会买。

可能买也可能不买。

不太可能买。

一定不会买。

一般认为，选择"一定会买"和"很有可能会买"的人对产品有兴趣。

要提醒的是，说自己愿意购买的人不一定真的会购买，所以这样调查出来数据往往过于乐观，而且这种调查的样本也非随机抽取。然而调查结果还是能够让潜在创业者大致了解消费者对产品（服务）创意的兴趣。

根据产品（服务）的性质，购买意愿调查通常还要增加其他问题，例如：

你愿意为该产品（服务）支付多少费用？此题用来调查定价问题。

你希望在何处购买到该产品（服务）？此题可用来了解销售与分销问题。

调查要简短，这样才能保证被调查者愿意回答。

创业者应与产业联盟联系、参加贸易会展以寻找调查对象。有些网站提供产业联盟目录和贸易会展日程表。另一网络资源，Trade Show Central 提供超过 50 000 场各产业贸易会展、会议和论坛信息数据库。通过与产业联盟联系或参加贸易会展，就能直接接触到那些产业专家。

三、市场和营销战略分析

（一）市场分析

1.目标市场

对目标市场的分析，应从以下几个方面入手：-

（1）你的目标市场是什么？

（2）市场现状及发展前景是怎样的？

（3）你的市场份额是多少？

（4）你的五年生产计划、收入和利润是多少？

2.市场细分

（1）你的细分市场是什么？

（2）细分市场的现状及前景如何？

（3）你的目标顾客群是哪些或哪类人？

（4）你的产品定位是什么？

（二）市场营销

营销是企业经营中最富挑战性的环节，影响营销策略的主要因素有消费者的特点、产品的特性、企业自身的状况、市场环境方面的因素，而最终影响营销策略的则是营销成本和营销效益。

在创业计划书中，营销策略应包括：市场定位，定价，分销渠道，广告、促销、商业展览，竞争分析，风险与机遇等。

《举例说明》

"我们希望成功渗透到……细分市场中去，因为我们将零售/分销/邮寄/互联网销售作为我们产品的主要销售渠道。我们预计会取得……%的市场份额。"

1.市场定位

"我们将才巴我们的产品定位为低价/高质/物美价廉。这些是我的竞争对手当前还没有注意到的。我们根据人口统计资料……比如，人群特征、年龄代、受教育程度等对产品的不同需求进行适当的调整。"

2.定价

"我们的定价策略是……，主要依据成本/毛利润/市场。这个价格是根据毛利润、市场上的价格、成本或可被认可的产品价值制定。"

"我们每月/每季/每年都审定我们的价格，以保证不丧失市场上的潜在利润。客户愿意在……价格下购买我们的产品，主要原因是……"

3.分销渠道

"我们产品的分销渠道有批发/商场零售/其他方式。季节的变化、地理的位置、客户的特征等，这些都将决定我们是否将产品送达最终用户的手中。市场上的竞争采用这些途径（批发/商场零售/其他方式），但我们的优势在于……"

4.广告、促销、商显展览

"我们的目标是在市场上介绍、促销、支持我们的产品，尽管合适的广告设计、商业的促销活动需要花费资金。"

"XX公司已有了全面的广告策划和促销战略。当资金到位后，将会由最好的……公司来实施。我们希望在全国范围内的……商务杂志上……贸易出版上登广告。我们策划我们自己的广告，并把它作为我们原料提供商和合资方整体战略广告之一。我们的公关计划是保持与商务期刊记者和编辑之间的良好关系，并且提供报道素材以提高我们在市场上的信誉，和让客户了解我们。"

"我们通过多种渠道促销我们的产品，比如以现场制作样品散发给融资商、参加商业展览等。我们的目标是扩大我们的客户群，提升我们产品的知名度，加强我们与公众之间的联系。"

"XX公司参加了以下的商业展览……"（列举主要的几个：主办者、参加的厂商、参展的位置以及展位的标准，这些是如何有利于推介新产品的。或者以一般展会参观者的身份参加了几个展览，公司只对那些对公司的产品感兴趣的购买者展示产品•参展时要考虑下列因素，公司散发产品的介绍能否到达目标客户，展会的地点是否合理，时间是否合理，它是否是一个公司必须去的展会。）

5.竞争分析

"我们在产品/管理/价格/厂址/促销手段/财务计划上的主要竞争对手是……，他们的优势在于……，劣势在于……。我们具有领先的竞争优势，原因是……"

6.风险与机遇

（1）商业风险。

"A.我们发展过程中所遇到的主要问题有：有限的运营历史、资源短缺、管理经验不足、市场和产品的不确定性、对于关键管理人员的依赖性。"

"B.企业弱点是……"

"C.应急计划是……"

"D.新技术……"

（2）机遇。

"虽然我们的经营伴随有风险，我们能够成胜这些困难。因为……。我们将通过综合的研究，或者和一个了解市场的更大的公司合作。我们将会集中精力……，用于解决在市场、产品、管理等方面的问题。"

"如果我们能够战胜风险，我们就将在……特殊市场领域占据优势，成为行业的主要力量.我们的品牌将被客户和投资人所认识，在年内，我们能够实现这个目标。"

"特别是我们……的领先产品将有机会在……领域影响行业发展、影响人们的生活状态、提高性能。我们因此也可以进军我们以前未涉足的领域……（国际市场/不同年龄段的市场）"。

四、管理团队与股权结构

这部分需要填写部门的功能、核心管理人员的职责、组织结构概要、董事会组成、其他投资者的股权结构及其相关内容。具体来说，管理团队与股权结构应包括以下部分：

（1）公司类型。

（2）结构。阐述XX公司核心管理职位，以及胜任这一职位的个人。如果XX公司已经成立，具备了一定规模，需要添加一张组织结构图。

（3）管理团队。陈述管理团队以前或现在共同工作的一些情况，表明团队成员之间可以相互学习、弥补对方不足，最终成为一支高效的管理团队。

（4）核心管理人员。介绍每一位核心人员职业生涯的重要部分，尤其是他的知识域、专业技巧以及表明他有能力胜任职位的技能和业绩。如在销售方面的业绩、在重要企业里担任管理的成功经验。这一部分不仅要说明企业的管理者，更要阐明他们是怎样作为一个团队共同工作的。例如，

"我们的团队由以下一些人员构成……"

"他们已经有了……年的共同工作经验……在市场有了……年的营销经验；……在产品研发有了……年的经验：其他一些人在……领域有了……年的历史。"

坦率地讲，如果你有更多的人员从事管理，将更有利于企业的发展。如总裁、财务副总、市场副总、运营副总、销售副总、研发副总、法律顾问等。在创业计划书中，最好说明他们是谁，职位是什么，公司股份是多少。

（5）员工聘用协议及其他一些相关协议，如期权股份和分红计划。介绍已有的或经过认真考虑的、与核心人员之间的聘用及相关协议。说明会影响期权股份有关限制和投资的情况。介绍仔细考虑后的、依据业绩的期权股份和分红计划。

（6）专业机构。强有力的团队中还可以有下列专业机构或人员参加：财务公司、法律顾问、广告顾问公司、银行、其他咨询机构。

五、资金需求

这一部分主要是说明你所需的资金数量。将真实的有价证券的数量提供给投资者。简要介绍所增加投资的用途和投资者希望得到的回报率是多少。具体包括：

（1）需求量。

A.金额

B.时间

C.资金类型

D.资金来源

（2）其他资金需求。

（3）资本金的使用。

"我们寻求……万元作为追加投资……净资产，重组债权，或其他形式的更高级投资，这笔资金将……，年的发展中使用。到那时直到产生正向现金流以前还需要……万元的额外融资。"

"最初的投资将会被用于员工的工资、项目的开发、市场的推介、获得竞争者的信息、购买设备。列表如下：

"完善发展……万元

"购买设备……万元

"市场及新生产线……万元

"运营资金……万元" 、～ -

"到……年时，我们将利用剩余的利润分红或者再次融资，或者公司出售，或上市融资。"

确定需要多长时间还清贷款或使投资人得到回报。如何实现回报，采用何种策略实现退出机制。

六、财务规划

一份好的财务规划可以帮助企业降低经营风险，增强风险企业的评估价值，提高企业获取资金的可能性。如果说创业计划书是创业者在筹资过程中所做事情的整体概括，那么财务规划就是创业计划书的臂膀，为创业计划书提供有力的支撑。财务规划一般包括以下内容。

1.历史经营状况数据

这里针对的是既有企业，初创企业不会涉及此类问题。企业在过去几年的经营状况是未来发展的重要参考，投资者会以此作为抉择的重要依据。创业者应提供过去三年的现金流量表、资产负债表和损益表。其中，现金流量表是企业的生命线，企业无论在初创期还是扩张期都要对流动资金有预先的计划并在使用中进行严格控制；资产负债表表现企业在某一时刻的状况，是投资者用来衡量企业的经营状况及投资回报率的依据；损益表是企业盈利状况的写照，它反映了企业在运作一段时间后的经营成果。

2.未来财务整体规划

未来的财务规划是建立在生产计划和营销计划基础之上的。严格来说，创业计划书中的前述内容都可作为企业制定未来财务规划的依据。有理有据，有适当的假设，是做好财务规划的前提。创业者要做的工作是：论述未来3 5年内的生产运营费用和收入状况，将具体财务状况以财务报表的形式展示出来。

要写好财务规划，创业者必须要回答以下问题：

（1）单件产品的生产成本是多少？利润是多少？

（2）产品定价是多少？在固定时间段内产品的销售量有多少？

（3）雇佣哪些人生产、加工、销售产品？工资预算是多少？

估算数据会需要借鉴同类企业的财务业绩。搜集、获取这方面数据有以下几种方式：

首先，网络上有大量企业的详细财务报表。通过 hoofers（在线商业资料库）和类似网站很容易得到此类数据。但这些企业一般都比较大，与创业者模拟创建的企业几乎没有可比性。

我们可以通过其他一些方法来查询中小企业的财务业绩。一些产业联盟公布本产业企业销售额与利润率数据。如果不好找这些数据，可以电话或电邮咨询产业联盟。如果创业者发现一家与模拟创建企业类似的企业，而且双方又不太可能成为直接竞争对手，那么直接找到这个企业的业主或管理者，问问他们的销售和盈利情况也未尝不可。即使业主或管理者只愿意泛泛而谈（比如"我们的年销售额在 200 万美元以内，净利润在 15~20 万美元之间"），也比什么都不了解要好。

简单的网络搜索同样有用。如果你对健身产业有兴趣，只要在谷歌搜索条里输入"健身产业销售额""健身产业利润率"，就能查到很多与此有关的信息。

最后，还可以通过观察和勤跑腿来获取类似企业的销售数据，但这种方法不总是有效。例如，你打算开一家饮品店，可以估算有多少人会上门、平均每人能买多少、当地有哪些人会光顾类似的饮品店，通过这种估算来大致判断销售情况。最基本的估算方法就是到其他饮品店去，数数在一天不同的时间段内，有多少顾客上门购物。

第六章 地方高校创业教育的发展模式与改革

第一节 我国高校创业教育的演进

一、创业教育发展的萌芽期（1997-2002）

1997年高校创业教育在清华大学首开先河，为推动全国高校开展创业教育、激活大学生的创新创业潜力提供一个良好的平台。此后，国内众多知名高校纷纷开始效仿挑战杯创业大赛的做法，如复旦大学管理学院就在1999年派学生参加了亚洲创业计划竞赛并荣获冠军。国内第一家大学生创办的高科技创业企业——"视美乐"公司就是诞生于此次创业大赛。许多大学由此开始创办大学生科技创业园，并且提供了一定金额的创业基金；复旦大学则专门拨出100万元人民币实施学生创新行动计划，并为大学生设立了1000万元的创业基金。

其他高校也开始自主设计创业教育项目。从1997年开始，国内不少高校在经济管理类专业中引入了创业教育。如浙江大学在本科生阶段选拔一批具有较强工程背景、商科背景的高年级学生，对其进行技术创业和创新方面的培训，将创业教育融入教学之中。南开大学创业教育的开展则覆盖了学生四年学习的全过程，学校按照每个学生的兴趣和个人能力，将学生分为不同类型，然后允许其自由地选择创业类课程，学校也开设创业选修课和"模拟公司训练营"，对开始尝试创业实践阶段的学生通过"师带徒"结对活动为他们提供后续跟踪服务等。西北工业大学则成为中国最早为本科生开设创业教育课程的高校。2000年，西北工业大学就为全校本科生开设了"创业学"选修课，并编写了省内创业教育的统编教材，也是国内最早的具有很强科学性、系统性、理论性的"创业学"教材之一。

教育主管部门也对这一时期高校创业教育的初始发展给予了充分的肯定。

2002年教育部高教司在北京召开的创业教育试点院校工作座谈会上，将当时中国创业教育大致归纳为三种形式：首先是以学生整体能力、素质提高为侧重点的创业教育：即将创业教育融入素质教育之中。较有代表性的是中国人民大学，其创业教育的发展"重在培养学生创业意识、构建创业所需的知识结构、完善学生综合素质"，强调将第一课堂与第二课堂相结合开展创业教育。在具体做法上，则是一方面增加创业类选修课程，如新增"风险投资"、"企业家精神""创业管理"等课程，为学生提供最基本的创业知识与创业技能；另一方面则是倡导大学生积极参与各类创业计划大赛和各种社会实践活动，在社会生活中培养创业意识、提升创业能力-该模式注重教学，不太鼓励大学生功利性的创业实践。其次则是以提高大学生的创业知识、创业技能为侧重点的创业教育。这一类的创业教育特点是引入商业世界的理念和方法来运行创业教育，增强创业教育课程的实践性和教学方式的灵活性，与此同时，部分高校也开始了设置专门的机构用于创业教育的教学、科研、管理与社会合作。如北京航空航天大学就充分利用校企合作的优势，建立北航大学生科技园、北航孵化器，从而成为大学生创业教育的实践基地和新创企业的摇篮。北航的创业培训学员专门负责与创业有关的各项科研、教育、管理、考试服务、国际合作与交流等工作。如其中的创业教育中心就负责全校性的创业教育课程开发与设计、创业基本知识和基本技能的培训、创业导师的遴选与创业团队的匹配。第三则是综合模式的创业教育。如上海交通大学所提倡的素质教育、终身教育和创新教育为支撑的三个基点的指导思想，就确立了创业教育的基本框架和内容。该校根据其所在的区位优势与学校所具有的科研实力，将创业教育的核心目标定位于培养大学生的科技创新能力和创业素养。除了增选和改革创业教育课程之外，还依托不同院系建立了实验中心和创新创业基地，为全校所有学生提供一站式的创业服务。

这一时期，部分高校也在尝试多元化的创业教育发展路径，采取不同方式对创业教育的理论和实践进行探索。但是从总体的发展状况来看，各个高校对于创业教育的理解还处于一个浅显的层面。最为显著的特征就是对于理论素养和知识传授重要性的极端认可。很多高校开设了大量理论性强的创业课程，希望通过课堂教学的形式培养学生的创业能力，此做法的薄弱之处就在于忽略了大学生创业素质的培养，尤其是创业精神和创业实践能力的培养。课程的单一与教学方式的陈旧无法适应学生的多样化需求。在创业教育的实践过程中，一些高校开始尝试由创业知识的传授转变为注重学生创业精神和综合创业能力的培养。包括清华大学、北京航空航天大学、黑龙江大学、上海交通大学在内的部分高校开始建设大学生创业园或科技园、设立大学生创新创业发展基金或者提供创业平台等多种方式，培养大学生的创业能力。

总体来看，这一阶段中国高校创业教育还处在初创期，除了开展创业教育的高校数量较少、所覆盖的学生群体规模较小之外，高校创业教育的做法也仅仅是对发达国家，特别是美国高校创业教育开展情况的简单模仿。无论是在创业教育的指导理念、创业教育的一般性发展模式等较为宏观的领域，还是创业教育的课程设计与开发、创业实践实务等具体问题上，这一阶段创业教育的发展都带着明显的"复制"印记。对于全国绝大多数的高校而言，创业教育几乎还没有成为学校工作的一个组成部分，更遑论将之与人才培养相提并论。在这样一种从无到有、初步草创的阶段，部分试点院校对于创业教育概念与内涵方面的认识偏差也就在所难免了。

二、创业教育的发展期（2002-2010）

2003年是我国高校扩招之后本科生毕业的第一年，当年大中专院校毕业学生数量达到了212万，比2002年净增67万人，增幅达到了46.2%。也就是从这一年开始，大学毕业生的就业问题开始成为全社会每年都要关注的热点话题，随着高校毕业人数的持续增加，大学生的就业状况持续恶化。特别是伴随着过去十年来的房价猛涨、通货膨胀、经济危机等一系列外部大环境的变化，政府、社会、高校、家庭对于大学生的就业关注达到了前所未有的程度。一方面是中小企业和制造型企业中的技术类岗位长期招不到合适的毕业生，另一方面则是全国各高校一路下滑的毕业生初次就业率。面对这样的一种危机，政府部门和高校第一次开始将大学生自主创业视为解决毕业生就业问题的一种有效手段，而创业教育在高校中的地位和重要性则日益凸显。也正是从这个阶段开始，人们对于创业教育的关注点开始发生转变，"要不要开展创业教育"已经成为一个无须探讨的话题，关注的焦点内容逐渐转向"如何更好地开展创业教育"。

这一时期我国创业教育发展的一大特征就是政府主导的作用明显增强。最具代表性的就2002年教育部正式发文确定清华大学、北京大学、中国人民大学、北京航空航天大学、上海交通大学、南京财经大学等九所高校为创业教育试点院校。从此，创业教育进入了政府引导、高校统一组织实施的多元化发展阶段。在此期间，教育部先后召开了有关创业教育的各项座谈会和研讨会，如"2004年全国创业教育理论与实践研讨会"就提出了"合作、共享、发展"的精神推动国内创业教育。在这次会议上，创业教育在全国高校开展的情况有了一次全面的摸底，参会的众多专家学者、创业教育工作者围绕着创业教育的基础理论、创业教育人才培养模式的探讨、大学生创业实践案例的经验介绍、高校开展创业教育的经验总结等议题展开讨论，为创业教育工作更加多元化发展提供了思路与理论支持。为了更好地指导高校创业教育的开展，教育部还成立了全国创业教育委员会。2010年教育部下发了《关于大力推进高等学校创新创业教育和大学生自主创业工作的意见》，要求各地大力推动创业教育，加强创业基地建设，为学生打造全方位的创业支撑平台，进一步推进创业带动就业的发展策略。

创业教育开始在全国各层次的高校中开展，武汉大学、西北工业大学、黑龙江大学、深圳大学、温州大学等一大批高校纷纷举办大学生创业大赛.推行创业教育。全国高校已经成立了1600多个创业中心，66家国家大学科技园建立了"高校学生科技创业实习基地"。清华大学、上海交通大学、北京理工大学、中南大学、温州大学等很多高校成立了创业学院、创业中心或创业研究机构。仅2012年各地高校就举办了两万多场创业大赛、创业论坛等活动，参加的大学生超过了300万人次。高校已将创新创业教育纳入职业生涯发展课程和专业课程，面向全体大学生，融入人才培养的全过程。

除了高校自身的创业教育探索之外，共青团中央2005年引进的KAB创业教育项目也为创业教育的普及营造了良好的氛围。KAB的课程设置更加重视传授给学生模拟真实情境之下的创业行为，重点在于传授学生创业的基础知识和基本技能，在功能上强调对大学生进行"企业家精神"的教育而非单纯地鼓励大学生创业。可以说，创业教育能够在短短几年之内就赢得社会和高校的广泛重视，大学生就业难的问题固然是一个主要因素，而KAB创业教育项目的成功推广和良好效果无疑是一个直接的推动因素。

KAB创业教育项目是国际劳工组织为培养大学生的创业意识和创业能力而专门开发的课程体系，目前已经在全球四十多个国家开展。该项目主要是通过向学生传授有关企业组织、企业运行、创业计划书等一系列有关创业的基本知识和基本技能，从而培养学生关于企业和创业的基本概念，发现具有创业意识的青年大学生。KAB项目的总体目标是在一个国家或社会群体中建立一种创业文化，使年轻人认识到创业及自我雇佣的机会和挑战，并且认识到自己的未来及国家经济社会发展的未来都掌握在他们自己手中。具体来讲，KAB的目标体现在四个方面：在全社会形成一种敢于冒险、勇于接受挑战的企业家精神；使高等教育阶段的在校学生认识到创业的意义和价值，将自主创业和岗位创业作为人生的职业选择；帮助大学生掌握创业所必需的基本技能，通过实践性的教学环节提高创业教育课程的绩效；帮助学生了解企业的性质、架构与运行机制。

2005年KAB创业教育（中国）项目第一阶段专家会议在中国青年政治学院召开，2006年召开的首期教师培训研讨会吸引了7所高校的16名教师。随后清华大学、中国青年政治学院、北京航空航天大学、黑龙江大学、天津工业学院、北京青年政治学院等六所高校成为首批"大学生KAB创业教育基地"。在接下来的几年中，KAB创业教育在中国的知名度和影响力越来越广，KAB创业教育体系也逐步建立起来。由 KAB 创业教育项目所拓展出来的青年创业大讲堂、青年创业培训、青年创业计划大赛、青年创业基金扶持等项目为创业教育理念在全国的传播打下了非常深厚的基础。

截至 2012 年 3 月，KAB 创业教育（中国）项目已培训来自 1008 所高校的 4045 名师资，在 153 所高校创设大学生 KAB 创业俱乐部，在 185 所高校成立大学生 KAB 创业教育基地，30 万多名大学生参加了学习实践。③越来越多的高校开始在学校的课程之中增设创业类的内容，在人才培养的理念和实施过程中也引入了创业教育的核心思想，赋予了创业教育更加重要的地位，从而实现了创业教育由创业师资的简单培训向全面创业教育的重心转变。除了 KAB 项目之外，国际劳工组织还与人力资源和社会保障部于 2003 年启动了"SYB，创办你的企业"项目，这一项目于 2003 年在大连、深圳等城市展开，为年轻人提供创业示范和扶持指导，但是此项目面向在校大学生的创业教育与培训则较少。目前，我国有 22 个省的 42 个城市成为项目的实施地区，有近 76 万人参加 SYB 创业培训，为全社会新创造就业岗位近 200 万个。

三、创业教育发展的转型期

2008 年，教育部联合财政部在全国设立了 30 个国家级人才培养模式创新实验区，这标志着高校创业教育的重心从关注大学生的创业实践转向了以系统推进的模式培养创新创业人才。创业教育的理念与内涵也发生了巨大的变化，主要体现在：首先，创业教育不仅仅是解决大学生就业问题的有效途径，更是创新人才培养的有效途径，因此创业教育应该与人才培养方案相融合，创业教育应当在高校中发挥越来越重要的作用；其次则是单纯依靠模仿、借鉴他国创业教育的经验已经无法满足我国不同地区、不同层次高校的创业教育开展的需求。作为一个区域发展尚存在着巨大差距的国家，中国各地方的高校在创业教育的发展模式上不可能采取整齐划一的方式，也不可能单纯地以科技创业、知识创业、理论教学等形式作为创业教育的唯一路径。30 个创新实验区的设立就表明了国家希望各地高校充分因地制宜，结合区域经济社会发展的状况、人才需求与自身的办学优势，探索出不同路径的创业教育发展模式。值得关注的就是 30 个创新人才实验区中包含了一定数量的地方在科院校，其中不仅有早已开展创业教育的黑龙江大学，也包括了温州大学、上海对外贸易大学等近几年来在创业教育方面取得卓也成绩的地方高校。地方高校创业教育的发展模式也进一步分化，取得了良好的成效。

在国家政策方面，随着 2008 年金融危机的爆发，转变经济发展方式、调整优化经济结构成为我国各级政府工作的重中之重。2010 年 5 月教育部高等学校创业教育指导委员会的成立，就标志着政府对创业教育的重视到了一个新的阶段。该教学指导委员会将创业教育的教学首次面向全体在校生，将创业教育的课程改革、教学改革、评价体系改革等作为一段时间内高校创业教育工作的重心，有力地促进了全国高校创业教育的开展，创业教育由面向少部分学生转向面向全体学生，全校性创业教育的开展以及根据不同类型、层次、特点的高校探索创业教育的模式也就是从这一年开始的。

近几年，上海、浙江等省市相继推出了政策鼓励大学生的创业活动。针对大学生的创业基金也不断涌现。2005年，上海在全国设立了第一个面向大学生创业的基金，每年投入的资金总量约为1个亿，并在复旦大学、上海交通大学、上海理工大学等九所大学设立了分基金会。七年来，该基金会已经支持了近300个大学生创业项目。浙江省提出的"创业富民、创新强省"的战略，也设立了总额为1亿元的浙江青年创业创新基金.鼓励大学生的创业创新活动。如创业计划大赛的参赛高校由1999年的98所增加到2012年的300所，参赛作品从114件增加到近千件。中国社会经济的转型发展迫切需要创业教育的深化与转型。党的十七大报告明确提出"实施扩大就业的发展战略，促进以创业带动就业"。2012年，中国大学毕业生直接自主创业者占全部毕业生的2%。"大学生创业调查及创业指数研究报告"通过对来自复旦大学、上海交通大学、同济大学、华东理工大学、上海理工大学、上海大学六所高校1274名在校大学生（包括本科生、研究生、MBA等）调查，得出大学生的创业热情指标为6112分，创业准备分值仅为4812分。而美国的大学生创业的比例约占毕业生人数的20%~30%，创业型就业成为美国大学生就业的重要组成部分。

从最近两三年来中国高校创业教育转型发展的趋势来看，创新创业教育理念的融合与突破、全校性创业教育理念的兴起、知识创业理念与实践的发展、地方高校创业教育模式的探索等议题，业已成为我国创业教育多元化发展模式的一个缩影，中国高校创业教育的发展从最初的简单模仿到之后的本土探索，现在已经进入了深化改革与转型发展的新阶段。

创新创业教育理念的融合与突破。2010年至今.教育部2010年颁布了《关于大力推进高等学校创新创业教育和大学生自主创业工作的意见》。该意见首次将创新的概念融入创业教育中，明确指出了要在高校开展创新创业教育.是深化高等教育教学改革，培养学生创新精神和实践能力的重要途径；是落实以创业带动就业，促进高校毕业生充分就业的重要措施。2012年4月，教育部《关于全面提高高等教育质量的若干意见》中更加明确地提出"把创新创业教育贯穿人才培养全过程""制定高校创新创业教育教学基本要求，开发创新创业类课程""大力开展创新创业师资培养培训""支持学生开展创新创业训练"等要求。2012年8月，教育部颁布《普通本科学校创业教育教学基本要求（试行）》，该文件对进一步推进高校创业教育工作具有标志性的意义。《教学基本要求》提出要将创业教育的教学工作纳入高等院校的改革发展规划中，成为各级高校人才培养体系的一个重要组成部分，建立起对于创业教育教学工作的评估指标体系，建立健全推进创业教育工作的领导体制和机制，制订专门的教学计划，为创业教育的有效开展和深入探索提供强有力的制度保障和资源支持。《教学基本要求》首次系统提出了我国高等学校创业教育的教学目标、教学原则、教学内容、教学方法和教学组织形式.鼓励各高等学校积极创造条件.面向全体学生单独开设不少于32学时、不低于2学分的"创业基础"必修课，同时还发布了标准化的《"创业基础"教学大纲（试行）》，并出版统一的校本教材。

全校性创业教育理念的兴起。经过二十年的发展，创业教育逐步突破了"创业就是开办自己的企业"这一狭隘理解，众多高校已经开始将创业教育理解为一种精神或能力，甚至是一种生活方式。全校性创业教育是面向全校学生，依托全校资源，以培养学生创业精神和创业能力为目标的教育，其发展具有阶段性特征。一般来讲，从提出开展全校性创业教育的口号.到真正建立起覆盖全体学生的创业教育体系，绝非一蹴而就的事情。这不仅需要学校领导层面的观念转变与政策支持，还需要大量的外部环境与内部制度性转型的契合，如专业教师对于创业教育的认同、学生参与创业教育的积极性、创业文化的培育、创业实践平台的建设等一系列问题。经过数量增长、组织转型、理念渗透三阶段的发展，全校性创业教育必然会成为未来创业教育转型的趋势之一.最终形成利益相关者积极参与、政府—高校—企业—社会—个人互动合作的创业教育生态系统。

知识创业理念与实践的发展。最新数据显示，在参与全球创业观察的60多个国家和地区中，我国的创业排名已从2002年的第11名提升到2012年的第2名。目前的高校创业教育重在探索创业教育的内涵、创业技能能否培养等基本问题，但是在创业技能的关键指标、如何将创业技能培养与各个学科的特点相结合、如何促进学生从创业意愿到创业行动转变等问题上还缺乏研究与实践。因此，针对有着专业知识和技能的大学生的创业教育，其目的应该有别于以单纯的生存目标为考量的创业教育。"知识创业"（intellectual entrepreneurship）应该成为大学生创业技能培养的主要目标。

面对我国创新驱动战略的实施和区域社会经济的转型发展要求，国内高校创业教育的长期发展目标应该是在提升大学生知识创业技能方面的经验，高等学校应该摆脱传统的"学徒—证书—资格—就业"培养模式，采用新的"发现—自主）—责任—合作—行动"模式，培养大学生的创业技能，使大学生成为冒险者、变革者以及利用知识和技能使世界发生改变的人。

四、中国高校创业教育的发展现状：以浙江省为例

创业型经济已成为新世纪重要的经济形态，鼓励创新与创业，也已成为各国竞相实施的国家战略。在我国高校，创业型经济已成为讨论的热点领域.越来越多的人意识到，"创业能力"是大学生面向21世纪继学术能力、职业能力之后的第三种能力（又称"第三本教育护照"人特别是在当前就业形势严峻的情况下，大学生不仅要成为就业岗位的应聘者，还应成为就业岗位的创造者。近年来，浙江省高校高度重视创业教育工作，普遍加强对大学生创业意识、创业精神和创业能力的培养.许多高校建立了大学生创业园。为学生提供创业平台、制度保障和资金支持，组织开展各种不同形式的创业教育和实践活动，积极探索培养高素质、高技能型创业人才的新模式与新途径。浙江省高校的创业教育正在形成良好的发展态势，为全国大学生创业教育工作做出了有益的探索。

（一）与时俱进，创业教育和创业实践取得不俗成绩

浙江是中国民营经济最发达、民间创业最活跃的省份，已经形成了创业环境不断优化、民众创业意愿强烈、新生代创业者涌现等趋势。浙江高校的大学生以浙江籍为主，长期耳濡目染了这种创业氛围.许多学生家庭本身就有自强不息的创业精神和艰苦奋斗的创业经历，社会、家庭的影响对学生创业意愿的形成和创业能力的培养大有裨益。浙江省高校积极响应国家"以创业带动就业"的号召，顺应发展创业教育和大学生自主创业的大趋势，结合自身特点开展创业教育，重视通过发掘、培养学生的创新创业能力来提高学生的综合素质和创业竞争力，坚持用浙商特有的"四千"精神来引导学生艰苦创业、承担社会责任，鼓励教师探索创业教育新途径、新方法，鼓励学生积极参加创业实践活动，提升将专业技能和科研成果转化为现实生产力的能力。据统计，浙江省高校2005，2006，2007年间，参加创业教育和创业实践的学生总数分别为17128、32516、39489人；其中，毕业后从事自主创业实践的学生总数分别为159、607、2896人。"创业"正逐步成为浙江高校大学毕业生的崭新选择，也成为高校就业工作的一大特色和亮点。

（二）观念先行，全面探索创业教育在新形势下的发展

在高校工作中，"创业"与"就业"密切相关，前者一般也被看作是衡量后者质量的标准之一，但是"创业"又不能将目的仅仅局限于帮助学生就业。为了了解当前浙江高校大学生创业教育的发展现状，浙江省教育厅2008年进行了《关于开展大学生创业教育推进高等教育改革的调研》，对浙江省开展创业教育和创业实践效果较为明显的20所高校600名创业大学生进行了问卷调查和实地调研。调查发现，有85%的高校认为创业教育的目的主要是为了提高学生创业能力，包括勇于

探索的精神、吃苦耐劳的品质、对市场的把握、对团队的整合等。一些高校还提出"发展型的人才培养模式"，如浙江万里学院坚持从人才培养的宏观角度出发，使创业教育既体现素质教育的内涵，又凸显教育创新和对学生实际能力的培养；以创业教育是否提高了学生的创业意识、是否激发了学生的创业激情、是否帮助他们找到了适合自身的创业方向、是否提高了他们适应社会竞争的能力作为创业教育开展得成功与否的衡量标准。

（三）多管齐下，构建各具特色的创业教育工作体系

1.管理规范化

（1）建组织：为了全面规划创业教育工作，浙江高校根据自身实际，本着统一指导的原则，努力建设运转高效、机构精简、反应迅速的组织架构。例如，温州大学成立创业人才培养学院，肩负着全校大学生的创业教育教学管理、创业实践与创业研究等三大功能。浙江万里学院由学校层面出台创业教育的基本思路和整体目标，并监督和考核此项工作；以学生事务与发展中心作为校级执行机构，负责将学校总体要求细化，统一指导各学院工作。各二级学院则根据学校整体思路，结合自身学科特色、学生特点因地制宜地开展工作。浙江工贸职业技术学院专门成立创业教育研究所.配备专职研究人员，从事创业教育理论和实践研究，撰写了《关于加快大学生科技创业园发展的若干建议》《关于学院创业教育体系构建的设想》等研究报告，定期编写并向全院学生发放《创业教育简报》，定期开展创业教育咨询等产学研服务活动。湖州职业技术学院成立校级创业教育领导小组，具体统筹、规划和落实全校创业教育有关工作，整合学校各部门资源，形成整体优势；成立创业园业务指导工作小组，对各创业公司业务的开展进行指导、培训和考核；成立大学生创业管理委员会，负责创业园区的日常管理工作以及组织策划开展各项创业活动，实现学生自我管理。

（2）定制度：许多开展创业教育的浙江高校先后出台并逐步完善一系列创业教育相关制度。

（3）抓考核：大学生开展创业活动不是放任自流，而需要定期回顾总结，及时肯定成绩、指出不足，帮助他们在较短时间内获得最大收获，这就需要高校设立考核机制对学生创业活动进行科学的考核与评价。例如，浙江商业职业技术学院创业管理中心每月对所有学生创业企业从经营业绩、规范管理、遵章守纪、学习成绩等方面进行考核排名，对不能妥善处理好学习与创业关系、违反管理规定者及时提出警示；对经营业绩良好、各方面表现突出的创业者则及时给予表彰和荣誉奖励；对创业孵化期内考核合格的企业管理团队成员，颁发创业证书并给予创业学分。湖州职业技术学院则从机构设置、制度完善、财务管理、经营业绩等

19个方面对学生所创企业进行考核，每年进行一次"星级公司"和"精品公司"的评选；每学期考察创业者的学习成绩，一旦发现有两门课以上不合格，则撤销公司经理职务。高校的这些考核措施对创业学生起到了良好的激励和制约作用，收效较为明显。

（4）设基金：对于有志于创业且有项目规划的学生来说，缺乏资金是最大的障碍。据浙江省的大学生创业调研显示，有46%的大学生认为创业最常见的困难是缺乏资金。为此，一些高校纷纷设立大学生创新创业基金用于支持学生在自然科学、工程技术、医药科学、农业科学、人文社科等诸多学科领域进行研究、发明，帮助他们完成项目，实现创业。

2.课程体系化

课程是创业教育的核心，建立一套合理可行的创业教育课程体系是开展高校创业教育的前提和基础。目前，不少高校根据本校实际开设了创业教育选修课或必修课，并纳入了教学计划。目前，有90%以上的浙江高校对全校学生开设创业教育课程，其中70%左右的高校是以选修课的形式进行教学。在课程设置上，一些高校按年级、学科分别开设对应课程。例如，浙江大学开展了三类创业教育课程：一是面向全校成绩优异的工科本科生开办竺可桢学院创新与创业管理强化班，借鉴斯坦福大学创新创业教育的经验，以管理学和MBA基础知识为主，培养高科技产业经营管理创业型人才；二是由管理学院面向本科、研究生、MBA三个层次开办创业管理精英班，以创业精神培养为主线，培养管理学高层次专门人才；三是面向全校有志于创业的研究生开设"大学生KAB创业基础"选修课，以培养学生的企业家精神为主线，帮助学生了解创业者基本特征和素质以及一个企业由组建到运营的基本过程。

浙江万里学院将"创业教育"置于整个人才培养的框架中，对不同年级的学生实行不同的创业教育方案：对一年级学生进行职业规划测评，帮助学生了解社会职业的基本知识、所学专业以及相应的职业适应范围，引导学生进行职业生涯设计；对二、三年级学生，课内开设"大学生发明创造"选修课、引进"创办你的企业"（SYB）培训项目、设计"专业素质拓展课程教学方案"（包括"大学生研究训练计划""创业实践"和"经理人拓展训练"），课外则组织开展"企业家万里论见，引领职业经理人"系列报告会等。

3，实践多样化

为让创业教育收到更好的效果，浙江高校通过多种方式鼓励大学生进行创业实践。

浙江工商职业技术学院对创业基地进行多层次分类，针对不同类型学生分别孵化：一是开设项目基地，鼓励学生写项目书承办，鼓励学生走入企业行业进行融资；二是利用学校设立的GG购物网和淘宝网等网络平台，鼓励学生网上创业；三是对有创业资本和潜力的学生，鼓励其直接进入市场创业；四是设立校园创业园，扶植学生创业。

湖州职业技术学院为整合创业团队，改革传统方法，要求学生通过项目申报的办法来组织实施创业实践；先由创业园业务指导小组对创业者提交的创业项目进行可行性论证，再综合考察决定是否通过并组织实施。

浙江工贸职业技术学院与温州团市委共同创办温州市大学生科技创业园，作为一个面向所有在温高校、服务于大学生创业的公共服务平台；成立"创业学子俱乐部"，做好创业者梯队建设，促进创业园与广大在校学生的沟通与交流。

浙江万里学院为创业学生全额补助公司成立前的一些手续证件费用，并对每家学生公司奖励1000元。另外，该学院还对学生创办的企业招聘应届毕业生，无论其是否为万里学院的毕业生，一律按照每人200元的标准给予补贴。

中国计量学院、浙江科技学院等高校也都出台了奖励政策，对成功创业的学生进行专项奖励和基金奖励。

4.平台基地化

为满足广大学生的创业热情，许多高校在场地资源有限的情况下，划出一定范围建设大学生创业基地，为学生创业实践提供了必要的平台。例如，湖州职业技术学院投资100万元将原有创业园的经营面积扩展到了2000平方米，学生创业公司已发展到36家-杭州电子科技大学总投入100万，建设占地面积1600余平方米的大学生科技创新基地，可同时容纳每组2~6人的项目组近50个。浙江商业职业技术学院免费提供沿街1000多平方米作为学生创业孵化场地，并配备有企业实际工作经验的教师专门负责此项工作，已有3批次51个学生创业项目在创业园进行了创业实践。浙江万里学院、浙江海洋学院等高校也专门设置了大学生创业办公场所。

（四）政府扶持，大学生创业环境逐步改善

为鼓励大学生创业，浙江省出台了有关大学生创业的一系列优惠政策，包括对高校毕业生从事个体经营且工商部门注册登记日期在毕业后两年内的，自工商部门登记注册之日起三年内都可免交有关登记类、证照类和管理类的收费；对自愿到欠发达地区及县级以下基层创业的高校毕业生，从事个体经营、自主创业或合伙经营与组织起来就业的，其自筹资金不足时，可向当地经办银行申请小额担保贷款；高校毕业生毕业后六个月内未就业的，经失业登记后，免费获得职业介绍、职业指导、创业指导等就业服务，等等。杭州市于2007年出台了《杭州市高校毕业生创业资助资金实施办法（试行）》，市财政每年从人才专项资金中安排一定数额的资金专项用于资助符合条件的普通高校应届毕业生在市区创业，对于符合条件的自主创业毕业生，提供不高于一万元的政府贴息补助，或分两万元、五万元、八万元、十万元四个等级提供项目无偿资助等等。这些政策的出台使浙江高校大学生创业环境得以进一步改善，创业学生拥有了更实际的政策保障。

2008年7月杭州市大学生创业园在杭州高新开发区（滨江区）挂牌成立，该创业园共有3.1万平方米的标准厂房和1.2万平方米的研发写字楼。滨江区政府专门出台《杭州高新开发区（滨江）高校毕业生创业资助资金实施办法（试行）》，对进驻毕业生，政府可提供两万元、五万元、八万元、十万元四个等级的项目无偿资助；给予高校毕业生创办企业两年50平方米以内全额房租补贴等等。此外，院内大学生企业还将享受工商登记注册收费补贴、税收优惠等多项优惠。目前，入园的企业中，已有首批15个项目获得了政府79万元的无偿资助。当地政府还将于近日成立专门管理大学生创业园的机构，以便更好地引导帮助大学生创业，并计划建立一套完善的大学生创业服务体系，为高校毕业生提供创业辅导、人才推荐、财税咨询、法律咨询、市场开发和物业服务等全方位的配套服务。

第二节　地方高校创业教育的主要维度与总体特征

一、关于高校创业教育模式分类的反思

中国的创业教育从初创到探索，再到如今的全面深化，创业教育的分层分类发展已经成为一种现象，而未来的发展趋势也必然是根据各个大学所处区域经济社会发展阶段、大学办学层次、大学办学理念、资源获取多寡、创业文化繁荣程度等方面的因素综合考虑最适宜的创业教育发展路径。多年来，我国部分高校已积累了一些独特的创业教育发展路径，如实践型课堂教育模式、创业型企业实习模式、体验型创业实战模式；有的高校以大学科技园为基地，借助校园联动方式将创业教育嵌入人才培养环节；有的高校则以"大学生创业设计大赛"为平台，在校园文化中着力营造浓郁的创业氛围；有的高校与本地企业联系搭建大学生创业实践基地，为大学生开启创业之门。一些高校也积极组织学生参与国内、国际相关活动，如通过中国青少年发展服务中心、全国青年彩虹工程实施指导办公室主办的"彩虹工程"——大学生创业实践试点工作，为在校大学生提供创业实践机会和相关专业培训；通过参与国际组织主导的创业教育模式，打造"大学生KAB创业教育基地"。这些实践经验为高校推进创业教育提供了有效的范本。但在追求特色化、分层化办学的高等教育改革和发展的背景下，高校应对接自身人才培养定位、学校办学特色和地方社会经济发展需求，确定相应的创业教育发展

思路，设计相应的创业教育课程和训练体系，从而全方位推进创业教育。

大学的创新创业教育一般也被分为了三种模式：第一种是将创业教育纳入高校现有的教学计划之中，以教学和课程的改革，促成创业教育与专业教育的融合。第二种模式则是依托大学生创业园或科技园，以各种实践性的创业活动提升大学生的创业能力。此种做法在我国理工类高校较为普遍。这些高校充分利用了自身在科学研究、专业设置和科研成果转化方面的优势，鼓励教师和学生进行各种创业类活动，通过真实的创业提升大学生的创业能力。第三种模式则是由政府的相关政策文件加以推动和引导。如部分省市出台了多项鼓励大学毕业生创业的政策文件，对大学生创业提供资金支持、税收减免、程序简化、创业指导等多项扶持政策，位于这些省市的高校则在政府的重视和推动之下，鼓励大学生争取政府资源的支持从事自主创业活动。如辽宁省政府、教育行政主管部门在全省给予了18所高校"创业教育示范校"的冠名；杭州市政府出台一系列鼓励和扶持大学生自主创业的政策、建立大学生创业园组建创业导师队伍、设立扶持基金、举办全国性创业大赛等，有组织地推动高校创业教育的规范发展。

但是，笔者对创业教育发展模式的讨论和分类依然持保留态度。我国创业教育虽然取得了不小的进步，但是在诸多方面依旧远远落后于欧美各国的创业教育。这其中不仅有创业文化与创业环境方面的缺失，从中国高等教育自身发展的维度与动力来看，即使是已经实施了创业教育的诸多高校，其推进创业教育的发展也绝对不是内生性的动力，而只是来源于政府政策文件和推动大学生就业率提升的外部推动力。单独从创业教育发展的整体状况来讲，很多高校创业教育的指导理念、理论体系构建、实施路径、协调与合作机制方面都存在着极大的模糊性与交叉性，不同高校创业教育的发展模式之间并没有明显的边界，也无法明确自身的特色与独特的创业文化。从这个意义上考虑，目前就来总结并分类我国高校创业教育的模式还为时过早。

高校的创业教育首先应该具有自身的特色，当我们学习他国教育的经验时，我们会发现高等教育的发展并没有一种放之四海而皆准的模式，比如美国高校的创业教育从非常宏观的角度来看，可以分为"聚焦模式""辐射模式""综合模式"，但是从微观角度深入细致地去观察每一所大学创业教育的发展状况时，可以看出不同学校之间的差异是非常大的，斯坦福大学与加州大学圣地亚哥分校之间、百森商学院与麻省理工学院之间创业教育的具体实施路径就有极大不同。鉴于我国高等教育发展的独特特征，高校之间在资源、文化等方面的禀赋不仅有着明显的差异，同时也存在着巨大的发展差距。东部经济发达地区的高校与中西部高校之间、"985"和"211"工程建设大学与普通地方本科院校之间、综合性大学与专科类大学之间，其创业教育的各个面向都应该是截然不同的。即使是本论文中所特别关注的地方本科院校，其创业教育的实施也具有多样性。从创业教育的实施效果来看．我国各大高校的表现差强人意。过去十余年中国的创业环境发生了巨大的变化，社会更加开放、人们创业的热情也与日俱增。根据2012年7月"全球创业观察中国报告"发布的数据，中国在全球创业活动中最具潜力，中国的创业活动十分活跃，创业指数也由2002年的12.3±升到2009年的18.8。但是，与人们的创业激情和创业活动行程鲜明对照的，却是我国的知识型创业与机会型创业活动非常滞后，在参加全球创业观察的国家中排在第41位。

创业教育的主要目标就在于培养大学生的创业精神、创业意识与创业技能，从而为推动全社会创业活动的繁荣奠定基础。我国创业教育起步较晚，但是政府主导的一个优势就在于可以集中政策、资金、资源的优势力量推进某种理念的实践。但很可惜的是，我国高校却并没有诞生大批的、具有一定社会影响力的创业者和企业家，在校生通过接受创业教育在毕业后选择创业的比例也偏低。特别是占据了很强优势的重点大学，比如重视创业教育的"211"工程建设院校，在2007，2008，2009三年中毕业生创业的比例分别为0.5%、0.54%、0.4%，竟然还不到普通高校平均数的一半。

从地方高校内部来讲，不同学历层次的受教育者对创业类型的理解也不相同。越高学历层次的学生越适合机会型创业，越低学历层次的学生越适合生存型创业，这也和不同学历学生的就业目标、个人素质、专业能力等因素相关。地方高校创业教育的理念、目标、价值取向、实施重点都完全不同于重点大学。地方院校更加注重服务于地方经济社会发展，因此人才培养的主要目标是动手能力强、具有较强的实践操作能力的应用型人才。如黑龙江大学所倡导的面向全体学生的"融入式"创业教育模式，重在以构建大学生实体性的创业实践基地为依托，在创业教育的推行过程中将理论与实践相结合，特别是重视大学生创业实践能力的锻炼。温州大学利用区域优势践行以岗位创业为导向的创业教育体系，创业教育面向全体学生，培养大学生的岗位创业能力，在校内构筑了具有转化、提升、孵化功能的专业创业工作室、学院创业中心、学校创业园三级联动的创业教育实践载体等。

二、地方高校创业教育体系构建的维度

地方高校创业教育的发展基本上都是围绕着或者无法回避以下几个大的主要维度而展开，即地方高校开展创业教育的目的是什么？创业教育与高校专业教育之间的关系？创业教育如何得以实现？创业教育拓展网络如何形成？总体来看，地方高校创业教育体系的形成遵循了以地方需求为导向、以教学为主渠道、实施校企合作的创业教育教学模式、构建校内创业实践平台、培育校园创业文化、培养专业类创业师资等六大维度。

首先，地方高校的创业教育必须是以满足地方需求为导向，建立多元化的创业教育目标体系。目前我国高校创业教育的主要理念是以鼓励大学生的自主创业为主，很多高校创业教育的主要内容就是培养在校大学生的自主创业能力，促使更多的毕业生开办企业。"成为一名创业者，或者一名企业家"，往往是这些高校创业教育的主要目标。但是地方高校开展创业教育的目标却是完全不同的，它们更加注重建立分层级的创业教育目标体系，以满足地方经济社会发展和地方需求为导向。因此，地方高校创业教育的目标是由"主动就业+岗位创业+个人创业"组成的多元化的体系。全体大学生在校期间通过创业教育的一系列教学与课程活动，培养了最基本的创业意识和创业精神，但是创业教育并不是要求每位大学生都实现个人自主创业，不同的学生有不同的培养目标和个人发展路径。因此，主动就业意味着大学生接受一种普及式的创业教育，成为具有创业意识的人才；岗位创业则是指部分学生通过在校期间的各种创业活动，毕业之后在工作岗位中以创业的激情和技能来发展自己；个人自主创业则是面对那些极少部分愿意在毕业之后创业的大学生。因此，地方高校创业教育的目标体系是多元的，是按照每个学生的实际需求和发展路径而定的。

其次，地方高校创业教育的开展重视以教学为主渠道.将创业教育融入专业教育之中，构建嵌入式的创业教育课程体系。与其他层次的高等教育机构相比，地方高校创业教育更加重视教学渠道的推进以及创业教育和通识教育、专业教育之间的融合。这种以专业教学为主，有机融入创业教育的做法重在培养大学生的创新精神、创业意识和基本的创业技能，这与其他大学重在培养大学生创业实践能力的做法有所区别。地方高校创业教育与专业教育之间的融合并不在于增加多少课程或者新增学分，而是在于如何将创业的元素融入人才培养的全过程之中。因此，许多地方高校都构建了通识课程一专业课程一课外学分为主体的课程体系。在面向全体学生的通识课程领域，地方高校开展了内容不同的尝试。比如将创业教育的元素与"大学生职业生涯发展指导"这样的公共必修课紧密结合，使大学生在学习生涯发展规划的同时也了解了创业的基本理念。还有一些地方高校则尝试着将创业教育与高校"两课"教学相融合，在"邓小平理论""马克思主义原理"等传统的思想政治理论课教学过程中融入创业教育的内容，采取引发联想、历史分析、关联性假设、案例研究等各种创新的教学方式对上述课程进行改革，将创业这个更具时代感的事物与社会主义建设的历史进程进行有机结合。对于各个学院的学生来讲，面向专业学生开设创业类课程或者融入创业元素也是地方高校的一大尝试。比如在美术与设计类、机电工程类专业中开设创业财务、企业管理、市场营销等课程.使学生既具备了专业知识，又掌握了必要的商业技能。这种尝试有效地改善了学生的知识结构，帮助他们在未来的工作或者可能的创业过程中拥有更大的优势。

第三，地方高校服务于经济发展的需求这一使命决定了它们在创业教育的推进过程中更加重视与校外的部门进行合作，特别是与企业界之间建立广泛而有效的合作机制显得尤为重要。世界合作教育协会对校企合作定义为，利用学校和企业不同的环境和资源，将课堂学习与工作中的学习结合，使学生将理论知识应用于实践，将工作中的问题和挑战带回学校，以促进学校的教学。①高校与企业之间的合作有效地将彼此在知识、技术、资源等方面的优势进行了整合，一方面促进了高校自身的变革与发展，另一方面则为企业的技术研发与员工培训提供了必要的智力支持。发达国家创业教育繁荣发展的一个重要维度就在于企业的深入参与。美国各个大学的创业计划大赛之中都少不了企业界的投入，许多学生的创业项目往往直接受到了企业部门的资助，从而成长为新创企业。从我国地方高校创业教育开展的现状来看，校企合作俨然已是推动其发展的一个重要动力。许多地方高校依托区域的资源优势，与当地商会、行业协会、知名企业之间建立起了长期的合作机制。结合学科专业的人才培养方向，以培养大学生创业素质为目标．邀请企业家和创业成功人士为大学生进行创业类的讲座，或者受聘为高校的创业导师，对大学生创业团队进行更为专业的指导。此外，很多地方高校与企业之间的实训合作基地也吸引了大批学生参与到企业的生产运营等实践过程之中，帮助大学生了解了企业的构成、运营等一系列内容。部分地方高校的创业园则直接与企业合作，通过建立依托学科专业的创业项目组、工作室等形式，获取企业的资金支持和技术支持，创业团队的成果也可以为企业所用，解决了企业发展过程中所存在的许多问题。

第四，地方高校更加重视在校大学生创业能力的培养，普遍建立了以创业园、创业中心等为代表的创业实践平台。与"985"大学、"211"大学通过建立高科技园区、大学技术园区而开展的大学生创业实践不同。地方高校因为其区域产业集中程度不足、地方企业科技创新能力普遍较弱、地方高校科研实力薄弱等客观因素的制约，不可能也没有必要照搬那些一流大学创业教育的做法。从学生的角度来讲，地方高校的大学生虽然具有更强的创业意愿，但是由于综合能力的限制，他们也无法进行更为成功的高科技创业．因此，地方高校一般而言会在校内建立不同层级的创业实践平台。比如在校内以专业为依托建立专业创业工作室，这些工作室附属于各个学院，由学院的专门人员负责管理．这些专业类的创业工作室向所在学院的每一名学生开放，地理位置上的接近、专业领域上的相同以及学院小环境的支持都为大学生的创业初始阶段提供了一个良好的平台。这种专业创业工作室依托于学院，无须大额资金．也不需要大量的成本投入．强调的是在实践过程中培养学生的创业意识，将其在专业教育中所学到的知识转化为可以操作的实践项目，为他们未来的创业成功奠定基础。在学校层面，地方高校的大学生创业园以各个学院的创业工作室为创业团队的遴选基础，为那些已经在创业园中进行了尝试并且具备了一定创业意愿和创业能力的大学生提供更为宽广的实践平台。地方高校的创业实践平台建设非常注重从大学生创业的实际情况出发，这种"草根"所具备的内生性特征与地方高校所在的环境和区域发展阶段形成了高度的匹配。

第五，创业教育能否真正地成为推动创新人才培养的重要途径和高等教育改革与发展的重要推动力.最为本质的一个维度就在于大学内部是否有一种创业的文化。当我们对美国高校创业教育的繁荣赞不绝口之时.我们不仅要关注美国创业教育开展的"术"，更要深入考察创业教育发展的"道"——也就是创业文化的基因是如何渗透到美国高校的每一个空间并与高校的办学理念相融合。当我们提起硅谷、北卡研究三角、奥斯丁研究区等世界闻名的创新创业区域时，我们不能忽略了斯坦福大学、北卡罗来纳三所大学、得克萨斯大学—奥斯丁分校浓郁的创业文化对上述区域兴起所起到的巨大作用。地方高校在创业文化的培育方面也进行了大量的尝试。比较普遍的做法是以企业家精神为主线，突出弘扬地域文化精神.从校园创业精神、创业文化环境、创业文化活动等多个方面齐举并进培育高校的创业文化。很多地方高校大一新生入学之时就以创业文化导入为主开展系列活动，如在新生始业教育增加创业教育专题、安排参观创业园、创业类社团招新、举办大型创业讲座、创业校友论坛等；在随后的几年中，通过以创业成果展示为主开展系列活动，如举办优秀创业工作室巡展、创业之星评选、优秀创业导师评选、创业沙龙、创业教育优秀论文征文等活动。很多地方高校还定期举办"创业文化周""创业主题论坛"活动，围绕特定创业主题，通过创业项目对接、创业专题培训、企业家论坛、创业之星表彰、创业计划大赛、创业政策宣讲、创业伙伴互动等活动形式，帮助广大学生在参与的过程中树立正确的创业理念，培养健康向上的创业精神。

第六，综观欧美各国创业教育的发展历程以及我国创业教育开展的现状，我们可以看到高校创业教育发展过程中始终面对的一大挑战就是专业师资队伍的缺失以及如何确立其他学科领域教师对创业教育的认同感和支持感。如果说课程的设计与开发决定了创业教育与专业教育之间互相融合、彼此渗透的范围和方式，那么来自教师的认同和支持则决定了二者相互融合的程度。地方在这些方面高校已经做出了有益的探索与尝试，并取得了良好的实践效果。

温州大学就将创业教育作为学校办学特色，十多年来坚持开展创业教育的课程建设和教学改革，以各种手段加强创业教育与专业教育的融合。为了鼓励专业教师参与创业教育的课程建设与教学改革，温州大学通过创业教改研究、创业课程改革、创业实验区建设、教师奖励等方式积极鼓励专业师资参与创业教育融入专业教育的改革，创设了一系列专业教师参与创业教育的激励机制。同时出台了推进创业教育融入专业教育的专项支持文件和配套资助奖励办法，从政策、制度、资金等多个方面为专业教师支持创业教育提供保障，逐步建立起了创业师资发展的长效机制，保证了创业教育与专业教育融合的质量。

黑龙江大学也在创业教育的改革实践过程中探索出了一条符合自身办学特色的专业教育与创业教育融合之路。建立"学业导师、科研导师、创业导师"导师制等多项保障机制，对提高学生社会责任感、创新精神、创业意识与实践能力发挥了重要作用。

部分地方高校还鼓励专业教师和从事科研的教师积极承担创业类课程的教学工作，采取课程教学组的形式，以团队合作的方式提升专业师资对创业教育的认同和支持力度。教师可以根据自己的研究和教学特长，承担创业教育专业选修课程的部分内容，发挥自身优势，同时通过与团队中其他教师成员的合作，开展研究性教学，共同解决创业教育融入专业教育过程中所出现的各种教学难点和问题。

三、地方高校创业教育的总体特征

可以看出，地方高校对创业教育具有自身独特的理解和推进创业教育的内在动力。与一流的研究型大学相比，以黑龙江大学、温州大学、上海理工大学、宁波大学、华南师范大学等为代表的地方高校在创业教育的发展理念、发展动力、实施策略等方面的思考与实践更加深入，其创业教育的发展模式已经具备了雏形，不同地方高校创业教育的发展过程中存在着一些普遍特征。

第一，地方高校在战略层面更加重视创业教育，以顶层设计的理念统筹协调全校各部门，整合校内校外资源推进创业教育的发展，一些地方高校还将创业教育作为学校办学理念的核心，从而为创业教育的全面深入开展奠定了制度基础。还有一些地方高校则将创业教育的发展列入到了学校发展规划之中，建立了创业教育教学委员会、创业学院等校级层面的管理机构，为创业教育的开展提供制度保障、资金保障和服务保障。

在制度保障方面，部分地方高校通过创业教育学校领导小组或创业教育教学委员会等常设性机构的方式对全校创业教育工作进行统一领导与规划，从学校发展的宏观层面考虑创业教育的改革与发展。这些校级层面的机构一般都是由学校主要领导牵头，分管教学和学生工作的领导具体负责，成员由各学院、创业学院、教务处、团委、就业处等相关教学和行政部门组成。与美国高校创业教育发展过程中自下而上的路径不同，中国高校创业教育的发展更加具有依靠学校领导层的权威和资源配置所形成的自上而下的路径。相较于"985""211"大学，地方高校因为面临着更为严峻的大学生就业问题和服务于地方经济发展的需要，因此对于创业教育的开展具有更大的热情和动力，这也就是为何我国地方高校大学毕业生创业率高于部属院校的原因。这种从校级层面达成的意见共识，有力地推动了创业教育在全校范围内迅速地展开，大学中的学院和各行政部门在学校层面的统一规划和协调安排之下，也可以就创业教育中出现的问题展开全校范围内的讨论、改进、变革。一些创业教育发展较为成熟的地方院校，还计划成立创业教育专家指导委员会，成员由学校主要领导、各学院主要负责人、创业学院、教务处、团委、就业处组成，该委员会作为常设机构主要负责全校中观层面上创业教育融入专业教育的一系列问题。如果说创业教育领导小组之类的机构为地方高校创业教育指明了方向，那么类似于创业教育专家指导委员会这样的常设机构就是为了解决创业教育改革过程中所存在的一系列复杂问题而出现的，很多涉及不同学院、不同部门之间需要协调配合的事项，都可以通过这个平台得以沟通和解决，从而提高了创业教育发展的效率。

在创业教育推进的中观层面，地方高校普遍专设了创业学院这样的机构，并且在改革过程中进一步完善各学院在创业人才培养过程中的主导职能，发挥院系在深化创业教育教学改革与大学生自主创业互动中的作用；增强创业学院在学校创业教育工作中的组织实施与沟通协调职能；设立"创业教育发展论坛""创业教育院长圆桌会议"，为学校各学院之间创业教育改革思路、改革举措的交流提供平台，增强各个学院在创业教育发展过程中的协同创新意识。

在创业教育改革与发展的微观层面上，鼓励专业教师利用课题研究和企业合作研究进行相关创业活动，吸收学生参与到教师的创业活动中；转变专业教师对创业教育的认知，吸引专业课教师、创业指导师进行创业教育方面的理论研究和案例研究.从而增加这些教师对于创业教育的理解，采用更为创新的教学方式进行课程改革，增强他们在专业教学过程中加入创业元素的意识和能力。地方高校服务于地方经济社会发展的使命也使之天然地具有与企业之间进行合作的任务。许多地方高校支持教师赴企业进行挂职锻炼，鼓励教师参与行业协会的活动，定期组织教师的培训和交流，这些措施都可以应用到创业类师资的培养和培训过程中，有鉴于我国创业教育起步较晚、创业师资的理论素养和知识体系较为薄弱，因此创业教育师资的国际化培育也应当纳入高校的议事日程中，通过走出去和引进来的双重方式，培养优秀的创业教育师资。健全创业实习导师制度，进一步明确创业实习导师的工作目标和工作任务，理顺创业实习导师的组成和聘任工作，建立一套操作性强的创业导师考核制度及奖励制度，并积极引荐校外师资充实队伍。

资金保障方面，地方高校一般都会将创业教育教学改革所需经费列为专项预算，确保改革有稳定的财力支撑。拓宽创业教育基金的来源渠道，通过学校投入、企业投资和社会捐助等多种渠道募集资金；优化和提升创业教育基金利用效率，进一步建立完善的创业教育基金管理机制，为创业教育教学改革和大学生创业实践活动提供充足的经费保障。

服务保障方面则是围绕创业教育教学质量的提高，在教学研究、师资培训、资源配套、督导评估等方面建立创业教育教学服务体系。

第二，地方高校创业教育的目标体系十分明确，创业教育开展的领域也具有更强的针对性，在创业教育与人才培养方案融合、创业教育与专业教育融合、创业教育课程教学改革、创业教育师资培育、创业实践平台建设等方面都有着既定的目标和具体推进策略。这种现象的产生一方面来自学校层面对于创业教育的支持和鼓励，另一方面则来源于地方高校发展过程中存在的"内生性"和"本土性"，地方高校促进创业教育课程与具有地域元素的特色专业课程建设，鼓励各学院以"显性课程"的形式体现于人才培养方案的教学计划之中。

在校企合作领域，地方高校非常鼓励学生通过暑期社会实践、创业计划大赛等途径结合专业知识开展课外创业实践。鼓励专业教师带领学生共同研发，在科研成果转化中培养学生的专业创新创业能力。很多地方高校还建立校内跨专业多学科性质的创新创业实践中心，充分利用各类社会资源，建设产学合作的大学生专业创业实践基地，不同学院的专业往往都会建立相应的校外大学生创业孵化基地。依托学校的专业平台，利用企业的资金和设备，根据学生的专业背景、创业教育进度和创业技能的掌握程度，有序安排学生到相关的企业运作环节进行运营实践。

在大学生创业基地建设方面，地方高校非常注重学校创业园的管理，提升创业孵化功能。整合和改善大学生创业园的物理空间，拓宽大学生创业孵化基地的面积；建设较为完备的创业服务体系。在创业项目信息提供、商业模式设计、市场应用拓展、资金筹措供给、技术保障支持等方面给予保障，提升创业孵化基地的功能；加强创业园与各类市级、省级创业园区的互动与合作，促成大学生创业项目从封闭式的校园内循环状态进入开放的市场竞争状态，增强大学生创业项目及创业团队的可持续发展能力。

第三，在创业教育的对象方面，地方高校的创业教育更加面向全体学生，重视大众化的创业教育而非精英式的创业教育，普遍重视大学生创业意识的培养，而不是单独强调少部分大学生的创业实践。这一点与"985"大学、"211"大学具有明显的差异。

第三节　地方高校创业教育转型发展的动力源

一、高等教育的变革诉求与地方高校创业教育的转型发展

知识经济时代的到来在改变社会结构功能的同时，也扩展着中国高等教育的边界。知识作为最具活力和无限发展潜力的生产要素，对当今社会的整体变革发挥着土地、资本等传统要素不可比拟的优势。高等教育机构在知识生产、知识传递、知识扩散和知识创新的每一段过程中都发挥着相应的作用。由大学所创造的知识的质量以及知识对经济的广泛应用性，对于提升国家竞争力和创新能力显得日益重要。从人的发展本质来讲，大工业时代将人看作发展的工具，通过制度化的教育机构、严格的流程标准、目标导向的评估体系等手段，将人的自身属性割裂开来，仅仅将人看作是实现社会发展、国家富强的工具，并没有将人自身的发展性、开创性统合起来。由此所导致的一个结果就是我们的高校长期以来提供的都是一种理智教育或者是一种为职业做准备的专业教育，人的发展维度受到了极大的约束。今天，移动互联网络时代的兴起已经成为社会整体变革的引擎。在线教育、MOOCS、反转课堂、工作场所学习等理念不仅引领人们学习方式与生活方式的变革，也通过技术的大范围市场应用而实实在在地对我们每一个人产生了影响。在这样一个"最大的不变就是改变"的年代中，高等教育的使命、功能、边界都在发生着急剧的转变-如何将社会经济发展目标对人的规制与人类与生俱来的自由本质之间达成某种平衡。如何以一种更为自由的、灵活的、个性化的方式培养人的创造性，这都是当今的中国高校所必须面对的问题.也是推动中国高等教育变革的内部动力。

如前文中所述，创业是一种人的自我实现与自我超越的行为，而创业教育毫无疑问成为培养大学生的终身学习能力、知识创造能力、想象力、洞察力、实践能力、对不确定环境的适应等一系列综合能力的最佳方式。经过了二十余年的发展，中国的地方高校所开展的创业教育，从最初的简单模仿再到政府引导下的实践探索，一直到今天不同发展模式的出现，都向我们展示了高等教育内部变革的过程。但是在一个新的时代中，地方高校创业教育发展过程中也遇到了诸多问题，包括缺乏完整的体系建设、组织创新与变革滞后、创业教育的基础性要素.如师资、课程、实践等环节依旧薄弱、社会组织对高校创业教育的参与程度不高等问题。但是我们也可以看到，与二十年前相比，地方高校对于创业教育的认可度与支持力度显著增强，以温州大学、黑龙江大学、上海理工大学等为代表的一批地方高校在创业教育与创新人才培养方面做出了大量的理论研究与实践探索，形成

了各具代表性的创业教育指导理念、发展模式、实施路径.如果说中国的地方高校最初开展创业教育的一大动力来自提高大学生就业率的政治任务，那么时至今日，很多地方高校对于创业教育的理解显然已经发生质的变化。创业教育不再是地方高校面对大学生就业压力而进行的一次无奈、被动的选择，而是地方高校基于时代发展需要与学生个人发展需求做出的人才培养理念与模式的转变。虽然还有很多人对创业教育的认知停留在较为狭窄的领域，他们可能认为创业教育就是培养创业者，创业教育就是推动大学生毕业之后的创业，但是越来越多的地方高校不再将创业教育的目标限定在很窄的范围，而是将其与人的全面发展相结合.重在培育创业的基本理念。

自 1999 年高校扩招以来，我国的高等教育在十多年的时间里经过了跨越式的发展成为世界第一。截至 2013 年，我国高等教育毛入学率达到 27%，全国各类高等教育在学人数超过 3000 万人，进入国际公认的高等教育大众化发展阶段。高等教育的快速发展一方面满足了公众对于接受高等教育的强烈需求，另一方面也为我国经济社会的持续发展和转型奠定了庞大的人才基础。但是我国高等教育的快速发展也带来了诸如高校办学资源的全面紧张、教学管理压力巨大等问题，特别是大学毕业生就业难的问题，成为影响社会稳定的重要因素。党的十七大报告中就提出要"实施扩大就业的发展战略，促进以创业带动就业"，党的十八大报告进一步指出"就业是民生之本"，"鼓励多渠道多形式就业，促进创业带动就业.提高就业创业质量"。在这样的背景之下，高校创业教育蓬勃兴起、全面展开，成为提升我国高等教育人才质量、培养创新型人才的重要手段。

从目前我国高校创业教育的发展现状来看，大部分高校比较重视大学生的创业教育，开设了不少创业教育的课程，提供了一些创业实践场所，树立了一批大学生创业典型，提高大学生的创业能力。一些地方高校开始逐步把创业教育与专业人才培养结合起来，融入人才培养全过程，让更多的学生从中受益，培养出既有创业精神和创业能力，又懂专业知识与技能的复合型创新人才。2012 年 8 月，教育部颁布《普通本科学校创业教育教学基本要求》，要求本科学校创造条件面向全体学生开设"创业基础"必修课，向我们明确展现了未来中国高校创业教育的改革趋势，那就是要创造各种条件，以创新型人才的培养为目标，将创业教育与广大学生的专业教育有机地结合起来，促进大学生多方面能力提升。

高等教育内部推动创业教育发展的另外一个动力则来自学生生源的变化。与过去相比，今天的大学生普遍生于 90 年代之后，他们的成长经历完全是与互联网时代的繁荣联系在了一起，生活品质的大幅度提高使得这一代之后的大学生更加注重个性的弘扬和自我意识的觉醒，中国经济三十多年的持续发展而带来的良好外部环境也让他们具备了更为多样化的选择——与他们的父辈相比，他们更愿意、也更有资源优势去面对不确定的环境，进行创业和其他更具挑战性的活动。当我们的高等教育依然按照工业时代所形成的价值体系、组织架构、教学方式来面对这批彻底浸润在网络时代中而成长起来的大学生，地方高校在行政组织体系、学科结构方面的僵化与当代大学生个性发展间就必然会产生某种撕裂，这种撕裂程度的强弱与否，其关键并不在于大学生，而在于地方高校是否有足够的意愿和动力去进行变革。创业教育恰好为高等教育自身的变革提供了一种新的尝试：通过创业教育的转型发展促成地方高校的整体变革，这有助于学生从"现实的人"向"发展的人"转变，也有助于地方高校从一个科层化、制度化的教育机构转型为扁平化、多元中心的学习型组织。

二、社会文化环境变迁与地方高校创业教育的回应

当今的世界正处在一个充满着各种不确定性与激烈震荡的时代。全球金融危机带来的余波至今没有消弭，世界主要发达国家的经济复苏依然困难重重。在这样的时代背景下，欧美各国将鼓励全社会的创业活动作为破解经济与社会发展难题的重要战略选择，通过战略规划、政策制定、环境塑造、文化引领等多种手段构建创业型的社会，从而推动就业的增长与经济的繁荣。世界范围内的创业教育浪潮也汹涌而至，创业教育也成为各国提升大学生创新能力、促进区域经济增长与技术变革、提升国家竞争力的重要政策议题。创业教育也已经成为我国政府、高校、社会、企业热议和关注的重要话题。经过了十多年的发展，我国高校的创业教育已经取得了巨大的进步，同时也成为推动我国高等教育改革与发展、创新型人才培养等国家战略的重要手段。我国高校的创业教育无论是从课程设置、师资建设、创业实践基地建设，还是从政府和学校层面的重视程度、学生的认可度和参与度来讲，都已经度过了初创期。从参与创业教育的高校数量来看，根据相关数据，仅2010年全国各地高校就举办了两万多场创业大赛、创业论坛等于创业教育有关的活动，参加的大学生超过300万人次。从参与范围上看，创业教育已经从最初的九所试点院校拓展到了包括研究型大学、地方本科院校、高职院校在内的几乎所有高校。党的十七大、十八大报告对支持全社会的创业也做出了战略部署。上述制度和政策方面的变化都体现了未来高校创业教育蓬勃发展的趋势。

现有的创业教育模式更多地关注高校与企业及企业家的合作而忽略了其他社会组织的参与作用，社会力量参与创业教育的广度和深度都有待加强。因此，创业教育的转型发展必须根据我国社会经济整体转型的趋势和高等教育改革与发展的步骤，借鉴发达国家的经验，建立起创业教育的生态系统。构建起地方高校一政府一企业一社会之间分工合作、资源共享、有效互动的创业教育公共治理机制，形成全社会广泛参与的创业教育发展氛围。

分析近年来我国高校创业教育的发展趋势，我们可以看出高校对于开展创业教育的热情逐年递增，政府部门的政策文件一再强调毕业生创业的重要性。这种趋势背后的重要原因依旧来自高校毕业生就业难的巨大压力，政府和社会将解决此问题的希望寄托于一些能够对就业带来倍增效应的活动，而创业则具备了此种特征。创业活动发现了市场中潜在的机遇，不仅解决了大学生自己的就业问题，也创造了更多的就业。

与发达国家较为成熟的创业教育运行机制相比，地方高校需要形成开放式的创业教育循环发展系统，这也为我国创业教育面向全体公民、全社会共同参与的未来发展图景提供了可资借鉴的经验。创业教育是一项复杂的工程，绝非高校自身所能完成。创业教育应该是高校、政府部门、地方教育机构、企业家、非政府组织等社会各界的共同责任。从这个意义上来讲，外部社会环境的变迁需要地方高校所进行的首要变革，就是更多的开放、更多的共享、更多的互动，地方高校创业教育亟须建立起与外部环境之间的协同创新范式，从而持续推动创业教育的发展。

近现代历史上诞生的第一所研究型大学当属1810年成立的德国柏林大学，它开创了大学"研究与教学"相结合的先河。大学理念的每一次变革无不体现着当时的经济社会转型格局对于高等教育变革的拉动，而对这种需求的回应又进一步地推动了现代大学功能的演进与组织层面的不断创新。高校也逐步形成了以人才培养、科学研究、社会服务为主的三大基本功能。从清末算起，中国的现代大学已经走过了百年时光，回顾中国大学发展的历程，我们会发现它始终与中国不同发展阶段中的社会转型有着紧密的联系。在进入21世纪之后，"创新、创业"成为提升国家竞争力、推动经济发展和社会进步的原动力。在这样的背景之下，作为中国高校群体中数量最多、"草根气息"最为浓厚的地方高校，在创业教育方面的变革与发展无不体现着对外部环境的不断适应。因此，如何持续改进创业教育，尤其是构建创业教育发展的模式与运行机制，不仅是地方高校自身发展，也是其必须承担的社会责任。

经过30多年的改革开放，我国的经济增长从"要素驱动"阶段开始向"创新驱动"阶段转型，大批知名的创新创业型企业如联想、海尔、中兴、华为、大唐、阿里巴巴的崛起构成了我经济结构转型的最大原动力。党的十八届三中全会明确提出了要"发挥市场作为资源配置的决定性作用"，这不啻为未来中国三十年的经济发展指明了战略方向：在市场为资源配置核心的前提下，创业企业的境况会得到显著改善，由此也会激发更多的年轻人去选择创业，实现自己的个人理想。在这样的大趋势之下，地方高校创业教育的转型发展必须考虑到外部大环境的变化趋势，将创业教育的发展与中国未来社会经济整体变迁的需求相对应，从而最大限度地激发大学生创业的理想与热情。同时改革创业教育的治理结构，建立起地方高校、企业、科研机构、政府、社会组织之间多元合作、互动共享的创业教育参与机制，形成不同利益相关者群体之间的长期信任与合作关系，营造开放的创新资源流动方式，最终形成以推动区域经济社会转型发展为最终目标的地方高校创业教育模式。

第七章　大学生创新创业教育的改革发展

创新创业的精神实质，就是实现国家富强、民族振兴、人民幸福，就是要坚持中国道路、弘扬中国精神、凝聚中国力量。青年大学生是祖国的未来和希望，是实现国家富强、民族振兴的生力军，是实现中国梦的践行者。

第一节　完善大学生创新创业社会实践的基本功能及模式探析

"批发型"的教育追求、亟待深入的理论研究、缺乏系统设计的组织工作，一直困扰着当前大学生社会实践，深入把握大学生社会实践的基本功能也许是走出这一困境的钥匙。本文认为大学生社会实践的基本功能是检验、发现和创造，并由此提出基于实现其基本功能的大学生社会实践模式的目标、原则、内容及运行思路。

教育部等七部门于2012年2月联合下发的《关于进一步加强高校实践育人工作的若干意见》指出，进一步加强高校实践育人工作，对不断增强学生服务国家服务人民的能力，对坚定学生在中国共产党领导下，走中国特色社会主义道路，对建设创新型国家和人力资源强国，具有重要而深远的意义。社会实践作为实践育人的核心组成部分，在当前的大学教育中之所以效果不彰，其主要原因可能是我们对其功能认识不够，没有进而构建一套基于实现其功能的运行模式。

一、当前大学生社会实践凸显的主要问题

1. "批发型"的教育追求，使大学教育和大学生社会实践联系不够

在高等教育大众化的旗帜下，相对较低的教育投入造成了"批发型"的教育追求（忽视精细教育，设置巨型课堂，施行粗放管理）。为节约成本，许多高校的教学计划不得不重理论学习轻实践训练。与此同时，一些高校的实践课程不愿、

不敢、不能走入社会，或者延展作业。让学生在既定和已知的条件下练习和实验，纸上谈兵；或者播放别人咀嚼和梳理过的视频，让学生在前人消化的基础上记识，例图吞枣。将教育与社会实际相脱离开来的安排往往让学生在学习知识、养成素质、提高能力的道路上隔靴搔痒，不得要领，是形成许多学生知行不一的重要原因。

2.亟待深入的理论研究，使大学生社会实践处于粗放状态

从公开发表的文献来看，学者们对大学生社会实践开展了为数甚多的研究，也取得了丰富成果。主要表现在：第一，积极探寻大学生社会实践的理论基础；第二，不断研究大学生社会实践活动出现的新情况和新问题，并提出新对策；第三，比较研究国外大学生社会实践的有效经验，为拓展我国大学生社会实践活动的途径寻求借鉴。但是，学者们对大学生社会实践方法和途径的研究相对滞后。要开创大学生社会实践活动的新局面，必须进一步拓展我们的认识视野。一方面需要深入开展理论研究，加强我们对大学生社会实践的内涵、特征、功能、意义、原则等的认识；另一方面需要深入开展方法论研究，探索有效的大学生社会实践模式。

3.缺乏系统设计的组织工作使社会实践的针对性、实效性不理想

大学生如何在社会实践中"受教育、长才干、做贡献"，需要进行系统考虑和周密设计。在当前的大学生社会实践中，不少高校在采取可靠措施，保障学生人人参加、人人受益方面还有较大的提升空间。比如在项目上，内容单一，专业定向不够，覆盖面有限；在经费上，保障力度不够，社会实践受益面有限；在师资上，忽视打造具有执业能力的双师型队伍，激发广大教师指导学生社会实践的热情不足；在评价上，尚未构建科学的评估体系，不能实时掌握实践效果；在组织协调上，尚未形成校内各层级良性互动，学校、社会资源良好整合，学生全员参加，项目运行顺畅的良好格局。

大学生社会实践出现上述困境，认识不足是基本原因。准确把握大学生社会实践的基本功能是解开这一难题的钥匙。

二、大学生社会实践的基本功能

社会实践对促进大学生认识自然、了解社会、了解国情，从而增长才干、锻炼毅力、培养品格、奉献社会具有不可替代的作用。这些作用的产生依赖其独具的"检验、发现、创造"三项基本功能。

1.检验

即检查验证，指大学生在社会实践中.通过比较或核对，判断和确认自己所学得的理论知识在实践中的效度。陆游说："纸上得来终觉浅，绝知此事要躬行表明

了社会实践是透彻地认识事物的必要途径。毛泽东在《实践论》中指出："马克思主义者认为，只有人们的社会实践，才是人们对于外界认识的真理性的标准……只有在社会实践过程中……人们达到了思想中所预想到的结果时.人们的认识才被证实了"。大学生通过在社会实践中所获得的感性认识与书本知识的比对，强化或辨别了旧识，通过书本知识在实践中检验新的应用，又将知识内化为素质。在这两者之间，检验发挥着核心功能。

2. 发现

指大学生在社会实践中，针对特定实践对象，运用各种研究和探索工具，得到了先前自己不曾知晓的知识，但这种知识并非首创，是相对于大学生自身而言的"新知"。在越来越浩瀚的知识海洋里，大学生不可能在书本上或别人的话语里获得一切他需要具备的前人贡献的知识。社会实践则为大学生提供了一个直接接触客观外界，触动自身感觉，调动思维工具，认识事物特性和规律性的渠道.是大学生获得知识的重要源泉。大学生在社会实践中.获得的感性认识是未来理论学习的优良条件；获得的理性认识，既可以在未来的理论学习中给予验证.又可以直接作用于未来的实践。大学生在社会实践中发现新知，既是探究性学习的内在要求，又使其向一切学习成为可能。

3. 创造

指大学生在社会实践中探索新问题、研究新思路、提出新对策，从而获得新知识、新发现、新发明。大学生在社会实践中，新的见闻和感悟能够激发他们的创造意识、创造思维和创造活动，在兴趣的引导下.他们运用假设、分析、实验、总结和提炼等方法，在问题的发现、分析和解决的过程中，能有效促进他们的隐性知识向显性知识的转化，进而收获创新素质和能力。大学生社会实践所蕴含的创造功能体现了社会实践是培养大学生创新素质的重要手段，也是素质外化为能力的有效途径，是实践育人的精髓所在。发挥大学生社会实践的创造功能，为大学生实现全面发展，成为更加适应社会、奉献社会的有用之才提供了保障。

三、基于"检验、发现、创造"的大学生社会实践模式构建

要使大学生社会实践成效显著、指向明确、操作可行，有必要构建基于实现"检验、发现、创造"这三项基本功能的大学生社会实践模式。

1. 构建本模式的主要目标

第一，针对当下高等教育教学实践中，不少高校将教学和社会实践生硬地割裂开来，使学生的课堂与课外、网上与网下、校内与校外、专业与非专业、智力与非智力的学习缺乏有效连接的情况，将大学生社会实践有效融入大学教学，使大学教育教学成为有机整体。第二，针对大学生社会实践在设计上类型不够丰满、

内容不够丰富，在运行上保障不够力度、评价不够科学，在参与上教师不够积极、学生不够全面、社会力量不够积极等现状.建立健全组织协调、激励保障、考核评价、反馈改进等系统配套运行机制，使大学生社会实践可操作、可评价、可持续。第三，针对素质教育特别是创新素质教育有效抓手不足的情况，通过社会实践来增强大学生的动手能力，激发大学生的创新意识和创造能力，使大学生社会实践成为大学生提高素质（特别是创新素质），既而全面发展的重要舞台。

2.构建本模式的主要原则

一是育人性原则。就是要使大学生在社会实践中，通过自己的耳濡目染获得第一手材料，在对材料的整理、挖掘、分析中去发现社会中大量美的、善的、进步的人和事，学会尊重人、关心人、理解人，继而达到培养人的目的。二是系统性原则。一个好的社会实践模式应具有层次性、全面性特点，需要统筹兼顾、全员参加、全程坚持。三是分类性原则。本模式分为检验、发现和创造三类，同时结合学生的学历层次、专业类别、知识积淀和年龄特征的实际开展。四是实践性原则。本模式的构建，重在建设、重在实践、重在实效。五是发展性原则。大学生素质教育具有动态性、开放性等特点，需要与时俱进，体现发展主题.培育时代精神。

4.运行本模式的基本思路

以素质教育取代知识教育。教育目的是素质教育与知识教育的最大不同。素质教育不是摒弃知识，而是注重学生获得知识的意义。换言之.素质教育不仅是促进学生获得知识，更加凸显学生发挥知识的力量，用其知识储备去认识自然、人和社会，从而尊重自然.解放自己，造福社会。本模式的运行，可以反复促进学生在社会实践中检验所学所知，发现未知事物.开展创造活动.很好地体现素质教育的内在要求。

以个性教育取代共性教育。不同大学生之间的专业兴趣、社会经历、知识储备、学习风格等情况可能有较大不同。针对学生特点，制定与整体目标相一致的不同类别的活动目标与内容，可以充分调动每个大学生参与社会实践的积极性。本模式的运行，突出项目灵活设置，教师发挥应有作用，学生人人参与、独立思考。大学生在社会实践的过程中，个性一旦得以张扬并充分发挥正向作用，其创新意识将被随之唤醒，创造素质继而在手脑并用中获得提升。

以引导教育取代灌输教育。本模式主张发挥先知先贤的引导作用.变学生在被动中接受大可不必的灌输为在引导下的自主体验和探索，能够有效地满足学生渴望平等、自由选择、自主发展的愿望。将引导教育而不是灌输教育融入大学生社会实践中，既解决了由于灌输教育而导致的目标起点"一刀切"（意思即教什么就学什么，不教什么就不学什么"）的痼疾，又由于模块运行、分层推进、因人而异、重视引导，能够使每一个学生获得更多的发展空间和更多的自我完善的机会。

以全面教育取代部分教育。这里所谓的全面，既指教育内容的全面，也包括学生受教育面的全面。我国高等教育大众化以来，一些高校不能很好地处理规模和质量、成本和效益的关系，一时陷于"抓大放小"的窠臼，其结果是将一些性格、心理、行为、兴趣特殊的学生堵在门外，未能真正体现有教无类。大力推进全面教育，是人的全面发展和全面的人人成才的内在要求，是学生在社会实践中能够更好地获得素质的提升、人格的完善、心灵的解放的必然途径。

以多元（学校、家庭、社会）教育取代单一教育。当代教育应当是学校教育、家庭教育和社会教育"三结合"的整体育人的系统工程，在这个系统工程中学校、家庭、社会都担负着各自无法替代的职能。在当前的大学生社会实践中.学校、家庭、社会三方面教育资源缺乏有机整合，出现了学校教育孤立、家庭教育轻率、社会教育乏力的尴尬局面。多元教育的引入，既解决了大学生社会实践资源的匮乏问题，也使大学生在立体多维的社会实践中获得更多切实可行的机会。

第二节 让大学生在实现创新创业素质教育中成长成才成人

高校在长期办学实践过程中，始终重视对大学生进行创新创业素质教育。促进学生全面发展，为国家和社会培养了大批栋梁之材。学校要坚持"以人为本"的教育理念，不断进行教育教学改革，以培养具有创新精神和创新能力的高素质人才为核心，坚持科学教育与人文教育相结合、专业教育与素质教育相结合、课堂教学与课外实践相结合的指导思想，发挥国家大学生文化素质教育基地的资源优势，努力培养具有远大抱负和国际视野、基础扎实、知识面宽、实践能力强、综合素质高的拔尖创新人才，充分发挥高校的文化育人与文化传承创新功能，促进中国梦的早日实现。

一、加强文化素质教育，促进高素质拔尖创新人才培养

1.发挥教学主渠道作用，构建文化素质教育课程体系

学校在切实转变教育理念的基础上，积极探索文化素质课程建设与教学改革相结合的途径，将文化素质教育课程纳入教学计划，将文化素质教育的思想贯穿于人才培养的全过程和教育教学的各环节。按照"厚基础、宽口径、强实践、重创新"的培养理念，重新设计整合适应拔尖创新人才培养的课程体系，构建由人文类选修课群、新知识课群、创新创业及技能选修课群组成的文化教育模块。从课程设置的基础性、全面性、实用性、前沿性、超前性等方面入手，按照文、史、哲、经、管理、艺术、自然科学、社会学、现代科学技术、创新教育等学科门类.

为学生搭建一个提高综合文化素质、培养创新能力所需要的知识平台。

通过开设大学生文化素质教育课程，将素质教育与专业教育相结合、科学教育与人文教育相结合，将传授知识、培养能力和提高素质融为一体，改善了学生的知识结构和能力结构，促进了学生创新性思维，提高了学生的文化素养、艺术修养和实践创新能力，满足了高素质拔尖创新人才培养的需要。发挥了大学育人功能和文化传承作用，对培养高素质拔尖创新人才起到了积极的推动作用。

2.加强监督管理，确保文化素质教育课程质量

为确保文化素质教育课程质量，学校加强对教学过程的监督和管理.建立了教学质量监控体系。大学生素质教育研究中心出台了"素质教育选修课的有关规定"，并按照规定严格执行。对文化素质课程实行新开课试讲制度、督导组听课制度、学生评教制度、考试考核制度等一系列管理规章制度，全方位进行教学监督管理，确保文化素质教育课程的质量。

3.开展教育教学改革，促进学科交叉和融合

学校重视学科交叉和融合，强化文理互补，实现自然科学、技术科学、人文和社会科学之间的相互渗透和补充。为实现"多科性、研究型、应用型"的高水平大学发展目标，学校不断推出改革措施，进行专业建设改革.调整学科结构，不断扩大办学规模。

4.加强教师队伍建设，建立专兼结合的高素质的教学队伍

大学生在实现中国梦的素质教育实践中成长、成才、成人，离不开一支高素质的教师队伍。学校坚持"立德树人"的教育思想，充分利用基地校资源.坚持资源共享、互聘教师、互认教学工作量的教师队伍建设原则.采取引进、外聘和培养的方法，建立专、兼结合的高素质教学队伍。安徽新华学院实施教授、名师为本科生授课制度，这是安徽新华学院开展的教学改革探索之一，旨在培养拔尖创新人才，使学生具有远大抱负和国际视野。学校规定从2013年起，各学院开设"学科前沿知识系列讲座"课程，由资深教授或副教授组成课题组授深，本科生从大一到大三年级都能近距离接触大师级学术带头人为自己授课，有利于大学生从更高的学术高度、更宽的学术视野去探讨问题、研究问题，从而有利于大学生把个人的理想和国家的梦想结合起来。

二、以艺术教育为突破口，构建普及型艺术教育与提高型艺术教育相结合的教育教学模式

安徽新华学院长期以来坚持科学教育与人文教育相结合，构建了以创新意识、科学素养和人文精神培养为基本内容，以提高创新能力、科学精神和人格完善为基本目标，以普及型艺术教育与提高型艺术教育相结合为基本模式的教育教学体系。理工院校与艺术院校联合开展大学生文化素质教育，为东北大学、沈阳音乐

学院、鲁迅美术学院三所学校实施科学教育与人文教育相结合的创新教育提供了得天独厚的条件和资源共享的优势。利用联合基地学科专业多样性的特点，学校以艺术教育为突破口，充分发挥科学教育与艺术教育的功能，通过不同学科的交叉与渗透.积极探索普及型艺术教育与提高型艺术教育相结合的模式，成为理工科学校加强大学生文化素质教育的一个重要突破。

普及型艺术教育是以课堂教学为主渠道，面向全体学生，以学分制形式加以限制的选修课程。2学分（32学时）艺术类课程作为普及艺术教育的指定性选修科目，每周授课3学时，着重提高和培养学生对各种艺术的欣赏水平和艺术修养，如音乐、美术、书法等理论、发展史和欣赏的教学，使学生对所修课程有一个基本的较系统的了解，培养学生的欣赏能力.提高学生的艺术品位，改善学生的思维结构。

提高型艺术教育则是针对在校大学生中有艺术特长或个人爱好的特点而设置的与社团活动相结合的艺术类专项选修课程。艺术类专项选修课程一般为8学分、128学时。提高型艺术教育所采取的基本教学模式是第一课堂教学（选修课）与第二课堂实践（社团、艺术团、专项班）相结合，专项艺术教育课以学生为主体，追求最大限度地培养和发展学生的兴趣与能力，使学习与创造得到很好的统一。目前，安徽新华学院已开设合唱艺术、民族舞蹈、体育舞蹈、陶瓷艺术欣赏与创作、三维动画设计与制作、话剧表演、体育礼仪、啦啦操等艺术类社团课程。

三、注重学生创新能力的培养，构建"四位一体"的创新教育体系

安徽新华学院在育人过程中，坚持"以人文本、德育为先、能力为重、全面发展"的原则，着力培养学生独立思考的能力和勇于创新的精神，确立科普活动"乐"中学、科研训练"做"中学、科技竞赛"竞"中学的教育理念，积极搭建课程教学平台、校园文化平台、科研实践平合和本科生科技竞赛平台"四位一体"的本科生创新教育体系.促进学生的全面进步与个性发展，多方位、多层次、多角度打造高素质拔尖创新人才培养的模式。

学校积极搭建课程教学平台，一方面充分发挥文化素质教育课程的功能价值，立足学生的素质培养，坚持有利于学生了解人类文明中最基本的知识领域和思维方法，有利于加强学生的人文素质、科学素养和创新能力，有利于促进不同学科的交叉渗透，有利于培养学生的思辨能力，有利于引导学生了解学科前沿.科学技术研究新成果、新趋势等原则，面向全校学生开设人文选修课程，规定必修学分；另一方面，结合不同年级、不同专业学生的具体情况，挖掘校内外教师资源并适当引入企业一线实践人员，增设创新教育系列课程，设立创新教育学分，通过链条式助推式的创新理论课程教学，开阔学生的视野，完善学生的知识结构，夯实

学生的理论基础，为学生创新能力的培养奠定良好的基础，为培养学生创新精神、发展个性提供广阔空间。

在科普活动"乐中学"教育理念下，学校遵循教育教学规律和学生成长特点，以学生组织为支撑.以"科普立项"为龙头，形成大一创意节、大二科普节、大三科技节、大四创业节等形式多样、内容丰富的链条式精品科普教育活动，构建了院校两级科普体系，搭建校园文化平台，营造浓厚的校园科技创新文化氛围。依托"研训基金"，按照"规范化、系统化、项目化"要求，推出科普立项"百千计划"，建立两坛（创新讲坛、大学生科技讲坛）、两会（大学生学术科技报告会、科普展览会）、四赛（思维竞赛、创意大赛、科普知识竞赛、魔方大赛）、四节（创意节、科普节、科技节、创业节）科普实践平台，举办英语、数学、物理、制图等四大基础学科竞赛，吸引学生的广泛参与，营造浓厚的以科技创新为主导的校园文化氛围。

坚持科研训练"做中学"教育理念，推进"理论教学""实验教学""社会实践""科研训练"四位一体的实践教学模式。科研资源与教学资源共享，将具有较强示范性和较大学科覆盖面的实验室命名为"大学生创新实验室"；以国家、省、校实验教学示范中心为依托，全面实施本科生进研究所、进实验室、进教师科研课题组"三进制"，让学生参加科学研究的项目训练，培养他们的科技创新和科学研究的兴趣与能力；以"国家大学生创新性实验计划"项目实施为核心，建立基础实践教学、课外科技活动、专业技能培训、社会实践教学等多元化科研实践平台；坚持校企合作、校企资源共享，创建自主研发、校企合作研发相结合的创新项目研发模式。科研实践平台的建立，为学生营造了"自主、自由"的学习和研究氛围，创造了研究性、创新性实验环境与条件。

坚持科技竞赛"竞中学"教育理念，依托各类学术科技竞赛，搭建科技竞赛平台，着力营造"人人有创意""处处有创新"的浓厚的校园科技创新氛围。

课程教学平台、校园文化平台、科研实践平台和科技竞赛平台，将第一课堂教学与第二课堂教育密切结合，不仅突出了第一课堂教学主渠道作用。同时也将第二课堂教育纳入学校人才培养整体方案，统筹规划，强化第二课堂在导向、激励、素质拓展、自我教育等方面的教育功能，使学校的各类教育教学课程成为一个有机的整体，从而形成了一个多方位、多层次、多角度的多元化创新人才培养教育体系。通过完善机制，建立组织与制度保障体系、创新实验保障体系、创新教育指导体系、质量监控体系、评价激励体系，全面保障创新人才培养。

四、开展校园文化建设提高学生的综合素质

1.搭建多元化的校园文化活动平台，为学生的成长成才创造有利条件

成立学生社团，开展社团活动，繁荣校园文化，培养学生的自我发展能力。按照人才基本素质的要求，设计并组织了社会科学型、科技学术型、文化艺术型、体育娱乐型、公共关系型和社会实践型等六种类型的学生社团100多个，社团成员达1万多人，占在校本科生总数的60%。

2.开设素质教育讲座

发挥校园文化育人功能，开办素质教育讲座，充实第二课堂的教学内容，使之成为第一课堂的有益补充。开设了"新华大讲坛"，网络引入"建龙大训堂""青年，成功"讲坛、"心理讲堂""创新"讲坛、"文化素质教育百场讲座""21世纪讲坛""百名院士讲座""博导伴我行"等素质教育讲座.聘请国内外学者、专家、教授、成功人士来校讲学，以传播先进文化、服务学生成才、提升职业素质、引领社会风尚、追踪时事热点、激发爱国热情、播撒科学精神、繁荣校园文化为宗旨，从大学生实际出发，为大学生的成长成才创造有利条件。每年举办各种文化学术讲座200多场，听讲人数在2万人次以上。

3.举办校园文化节

形成了大学生文化艺术节、大学生社团文化节、大学生文化艺术欣赏周、大学生科技节、大学生创业节、大学生创意节、大学生科普节等校园文化节日。在这些节日里，举办丰富多彩的校园文化活动.如知识竞赛、歌咏比赛、庆祝活动、科普活动、联欢会、环城赛跑、征文比赛、演讲比赛、主题团日、知识讲座、升旗仪式、书法比赛、摄影比赛、义务劳动等.引导学生树立正确的人生观、世界观和价值观，激发学生积极向上的精神.收到很好的效果。

4.开展高雅艺术进校园活动

高雅艺术进校园活动把精品艺术引进校园、把祖国的优秀传统艺术引进校园、把国内外高雅艺术引进校园，使学校的文化校园形成高起点、高品位、高格调的特点。近几年，中央交响乐团、中国民族乐团、中国京剧院、辽宁人民艺术剧院、辽宁歌舞团等国家级和省市级艺术团体先后走进校园举办精彩演出，为学生欣赏高雅艺术、提高艺术鉴赏能力和欣赏水平提供条件.促进学生人文精神的培养。

（五）社团组织成为创新创业教育的途径与方法

大学生社团与大学生素质拓展活动有着十分密切的关系，学生社团是提高大学生综合素质的重要阵地。素质的培养不仅要通过课堂学习的文化知识来沉淀，而且要通过课外的实践来提高和深化。创新是民族进步的灵魂，大学生创新能力的培养，须通过个性的发挥来完成·高校学生社团给个性的发挥提高了宽松的空间，并对培养学生创新能力起着重要的作用。在大学生素质拓展计划中，社团活动被列为其中一项重要内容。通过考察高校大学生素质拓展计划的实施情况可以发现，凡是社团活动比较活跃的高校，大学生素质拓展计划实施的成效就比较突出，大学生素质的整体状况也比较好。因此，从大学生素质拓展的大背景着眼，对大学生社团的性质、特点、机制等加以分析，从而加深对大学生社团在素质拓展中的作用和地位的认识，将有效促进大学生社团的健康发展。同时，高校学生社团是课堂内容的有益补充，是拓展大学生综合素质的有效载体。要使学生社团沿着健康正确的方向发展，充分展现其在大学校园的特殊地位及素质教育中的独特作用，首先要对高校学生社团正确定位，对其存在的问题做深入的研究，并结合实际提出相应的对策。

随着我国教育体制改革的不断深入，素质教育已经成为各级教育的必然趋势。高校学生社团在实施素质教育中有着重要而特殊的作用：①有利于提高大学生的思想政治素质和思想品德修养，促进正确的人生观的形成，培养学生的思想政治素质，不断增强学生爱国主义、集体主义、社会主义信念是素质教育的灵魂；②促进学生政治素质和良好品德修养的提升；③促进学生社会文化程度的提高；④促进对学生创新素质的培养；⑤促进学生实践能力的增强。因此，在新形势下提高素质教育，必须加强社团建设。目前我国的高校学生社团建设存在着诸多问题，加强学生社团的组织领导、加大对社团建设的扶持、更新社团建设观念等，是解决问题、促进大学生素质教育的重要措施。

1.明确管理目标，把好社团创建及审查工作

共青团中央《关于加强和改进大学生社团工作的意见》中明确指出：高校党委要把加强和改进学生社团工作作为学校贯彻党的教育方针、推进素质教育的重要组成部分，纳入学校整个工作计划之中；学生创建社团必须向社团主管部门申请，要明确该社团活动的宗旨、活动章程、活动内容、活动形式、活动所需场地、收取会费的金额、活动周期、活动时间、社团负责人的使命、负责人的任务、职责。社团主管部门对这些内容要逐项审核，在审核中要坚持原则，严格执行标准，对不符合条件的坚决不能通过。

2.加强社团管理，提高社团科学化、组织化、规范化水平

各学校应制定、修订具体的《学生社团管理办法》，在社团成立、审批、活动开展、工作考核、评优奖惩、财务管理和监督、队伍建设等重点环节明确管理内容、目标和办法。要督促学生社团制定、执行《社团章程》和内部工作制度，对学生社团及其成员的行为加以规范，保证学生社团健康、持续、稳定发展。充分认识社团在高校整体育人工作中的重要性和以社团为重要载体进行学生素质教育的意义，更多地关心和扶持其发展，确立其在整个校园文化和学生思想政治教育中不可或缺的地位。

3.探索评价机制，完善激励机制，建立研究机制

　　要把社团活动作为学校贯彻党的教育方针、推进素质教育的重要组成部分，以育人功能和活动效果为主要指标，以年度考核为主要方式，综合评价学生社团的活动和建设.要逐步完善社团管理规章。在社团内，也要建立规章制度.主动接受学校有关部门的管理。很多高校如北大、北师大、复旦、交大等开展的一年一度的"十佳社团""特色社团""精品社团"的评选，就是一种较好的方式。除此之外，要定期对表现优秀的学生社团、成效显著的社团活动、工作出色的社团负责人、积极参与社团活动的学生、成绩突出的社团指导老师和工作人员给予适当的表彰和奖励。要以专家学者、干部教师和学生骨干为主体构建研究队伍，关注和研究学生社团发展中出现的新情况、新问题，掌握动态信息。

　　4.重视对社团骨干的培养

　　首先要加强学生社团骨干队伍的建设。高度重视对学生社团负责人的选拔培养.使那些思想过硬、作风正派、素质全面、有社会工作能力的学生担任社团负责人。建立一个坚固的梯形团队。其次，要加强与院系的协调工作，通过相关文件政策的制定使院系将社团负责人纳入学生干部编制，可通过为社团负责人颁发聘书，提高社团负责人的工作热情。

　　5.拓展宣传渠道，加强学生社团宣传

　　社团活动是校园文化生活的重要组成部分.应做好宣传工作，扩大社团的影响力。要积极探索网上社团活动、跨校社团活动、学生社团刊物与宣传活动的管理方式和办法。通过创新工作内容和形式，适应学生需求，增强社团活动的吸引力和凝聚力，努力形成新形势下通过社团开展思想政治教育的新手段、新方法。

　　6.切实解决资金匮乏、场地申请难等问题

　　高校要加大对社团建设的投入，提供必要的经费，保证学生社团正常的开展；要积极支持和引导监督学生社团通过吸纳社会赞助和提供有偿服务的方式募集活动资金；要在活动场地、活动条件等方面给予学生社团以优惠和支持。

　　7.学校有关部门应给予重视和指导并配备专业指导老师

　　首先，学校要加强工作指导，把握正确方向，建立健全领导体制。各级党委教育部门、共青团组织要根据文件要求.切实加强对高校社团工作的领导。学校团委和有关部门要在党委领导下把握社团建设和发展方向，不断推动工作创新。其次，加强社团指导力量，落实指导教师定期指导制度是关键，同时也是指导教师参与社团活动组织管理的一个重要方面，要选聘那些有较高的政策水平、专业造诣较深或具有某项专长、关心青年学生成长、擅长做学生思想政治工作、有丰富的组织管理能力的专家型教师担任指导教师。

　　综上所述，进入新的世纪，全面推行素质教育已是高等教育深化改革的重要课题，社会经济生活的不断变化对传统的人才培养模式和教育方法提出了严峻的挑战，迫切需要新的工作方式和组织媒介不断孕育而生。因此，对大学生社团这一大学校园独特的社会群体的特殊地位和在素质教育中所起的重要作用进行分析，进而更加有效地对其进行科学规范的管理，才能发挥其在素质教育中的重要作用。

第三节 高校文明修身教育

高校教育是一个国家稳定发展的重要组成部分与推动力.这是高校教育的初衷，也是由高校教育面对的群体所决定的。高校的真正功能就是"培养良好的社会公民"，不仅体现在具备优秀的智育、理论、实践能力上，更重要的是形成符合时代发展的社会观、人生观、价值观等。当下我们的社会正处于社会转型期，所呈现出来的是社会整体素质的提高明显落后于经济发展的步伐，甚至在一定程度上制约着经济的发展和社会的进步，时代呼唤文明修身教育。作为文化的前沿阵地，大学要起到引导的作用.高校文明修身教育是大学生成长、成人、成才教育不可或缺的部分，也是发挥大学生正能量扩散的保障，对社会的发展有着深远的意义。

实现中华民族伟大复兴的"中国梦"，是我们中华民族整体实力的综合提升。这不仅体现在经济的腾飞、外汇储备的增长，更为重要的是社会的和谐、人们生活水平的提高，以及塑造温良恭俭的国民形象，以赢得国际社会对我们民族的尊重。当前在我国经济高速发展的同时，社会整体文明素质的提升明显落后于经济发展的步伐，使之在一定程度上制约着经济的发展与社会的进步。因而.我们应该充分重视对大学生群体的文明修身教育.将文明修身作为大学素质教育和校园文化建设的重要内容和基本环节，构建文明修身的长效机制，以充分发挥大学生对社会文明修身的重要引领、示范和辐射功能。

一、高校文明修身的必要性

尊老爱幼是中华民族的传统美德之一，然而不知从何时起，"扶起摔倒的老人"从一种美德变成了一种冒险行为，现实的残酷性让"电子眼""摄像头"成为唯一的真理，公众的价值观、社会观发生改变，人们不再从白发苍苍中想到母亲的善良，人们不再从哀声哭泣中想到母亲的善良.也没有意识到老弱病残是需要照顾的。

与国人财富的增长相生的是不断扩大的境内境外旅游需求，然而在这一增长过程中，国人留给世界、留给媒体的印象很差。2013年10月1日，央视网报道：11万人在天安门广场冒雨观看升旗仪式，结束后满地垃圾，最密集处甚至露不出地面。150名保洁员人手一把扫帚.另有2辆清扫车、2辆垃圾收集车，以"拉网式"的排兵布阵，用了30分钟才全部清除。初步估计.清扫的垃圾多达5吨左右。

面对琳琅满目的舶来文化，部分大学生在认识上存在浅薄、偏执的缺陷，他们不能做到客观审视。

2013年9月19日，《人民日报》发表专栏称：近年来一些领域的道德状况令人担忧，人际关系恶化.社会诚信缺失。更可怕的是，一些人其实已经看到这种情况.但出于一己私利.不是努力去疗救它、修复它，而是自觉不自觉地甚至无所顾忌地参与到对它的进一步破坏当中。这种犬儒主义与投机主义的态度，比社会道德的破坏更为可怕。

"仁、义、礼、智、信"是中华民族的传统美德.中国人的人文教育也一直是从这个基点出发的。国人的彬彬有礼、谦君子风度一直是我们在国际上引以为傲的特色。市场经济的发展推动了国民经济的快速发展.在经济的波涛汹涌之下，文明却在不断地被吞噬.留给我们的是不断的反思。当前，我国正处于社会转型的重要时期，一方面，改革开放几十年的发展与积累，使得我国形成了一个庞大的经济体，市场经济活跃发展，科学技术日新月异.人民生活水平得到了极大提升；另一方面，市场经济的迅猛发展也带给我们新的问题，环保问题，盲目追求利益最大化带来的社会责任感缺失，拜金主义、"官二代""富二代"的不良行为等等。转型时期要求我们对于当下自身的认识要更加客观，尤其是不足的方面。处于转型期的时代对于文明修身的冲击可以总结为以下几个方面：

第一是社会大环境所导致的冲击。随着我国物质基础的增加、人民生活水平的提高，人们的思想意识上也随之产生了变化。这种变化有几个特征：第一，整体上得以提升，但是存在良莠不齐的不足，这主要是由国民受教育程度不同以及新思想意识的来源不同所导致的。物质生活的提高，往往使得人们更加倾向于个人享受的世界观、人生观，而开始忽视集体与民族、国家。第二，由于制度的保障往往慢于时代的发展，因此人们更容易倾向于为保证自身的利益而放弃社会道德。比如扶起摔倒的老人，这本身是我国社会的闪光点，但是由于几例由此产生的案件的发生，使得人们宁愿选择"见死不救"来避免"引火烧身".而这种不文明现象的广泛性往往对社会大环境造成了极大的影响。

第二是教育的误区所带来的冲击。教育主要分为两个方面，分别是家庭教育与基础教育。家庭教育对于孩子的品德成长至关重要，"人之初，性本善"，家长作为孩子的第一任老师，无论是其主观能动性的引导还是自身的言语、行为等都对孩子的成长产生莫大的影响。当下教育的重要性已经被广大家长所完全接受，甚至扩大，但是他们对于教育的理性往往存在偏差，意图实现"望子成龙"的美好愿望促使广大家长只重视孩子的智育教育，这种偏差一方面使得孩子承受过多的压力，容易形成并扩大对家长、对社会的逆反心理；另一方面.孩子的观念中往往形成"只要好好学习，其他都无所谓"的观念，这是很多孩子自以为是、不懂得如何与他人相处、缺乏社会责任感的根源所在。

基础教育伴随着孩子成长成才的全过程，因此我们国家在原则上是以培养德、智、体、美、劳全面发展的人才为目标的。但是社会中存在的对于学校的认可与考核往往只注重智育的培养，升学率往往是最为社会所认可的硬实力，因此基础教育中作为教育的主体-学校，为了提升自己的硬实力，千方百计提升教育质量，提高学生的文化考试能力，忽略德育教育，学生在高考之前以考入大学为人生目标，而高考之后往往容易丧失人生目标，这是我国基础教育现实存在的一个弊病，影响深远。

第三是缺乏约束机制对文明修身的冲击。文明修身是一种自我约束、自我控制的表现，它以约束自己来维护社会的和谐稳定为目标，没有强制性.缺乏约束机制。然而在文明修身的过程中，又必不可少地需要制度的保障，需要形成约束机制。这在现实社会中是一个矛盾的结合体，一方面制度在不断地制定与公布，然而其执行过程中因为缺乏必要的约束机制与惩罚措施而形同虚设；另一方面，人们对于文明修身的理解往往是与约束机制、惩罚措施等相远离.甚至抵制的，他们认为文明修身是一个自觉的活动•与约束机制、惩罚措施相结合只会让文明修身本身丧失真正的含义。这种矛盾性要求我们在制定文明修身约束机制上，要注重方式方法，既要产生约束力，又不能背离文明修身的本质。

二、高校文明修身教育的时代价值

2014年11月北京大学研究生会在北大"三角地"海报栏上发表了一篇发人深省的"文明修身宣言"：北大是学术圣地，充满精神的魅力；北大是文明的前沿阵地，体现着时代的最新发展；北大汇集的是专家名流、学术精华。但我们不无遗憾地发现，不少北大学子是何等超然的洒脱和怪诞：视功德于不顾，屡屡侮辱师长；大言不惭地在集会场合闹事起哄，唯我独尊、我行我素.蔑视一切纪律和秩序；性格粗暴，滥用武力斗殴；投身工作后互相拆台，大事干不了，小事干不好，终日头颅高昂，茫然若失。足够了！我们不愿再痛心疾首地罗列，这些现象足够淹没北大昔日的"灿烂"。这篇报道所反映的现实，是中国高校教育的一个缩影，高校教育对社会的进步发展影响深远，缺乏意识形态的保障甚至会成为一把"双刃剑"，开展文明修身教育是对高校教育的补充与完善.是进一步推动高校教育健康发展的保障。同时高校教育也是最大程度上发挥文明修身功效的舞台，高校的文明前沿地位和文化辐射能力将推动文明修身教育对社会的积极影响。

金耀基先生在《大学的理念》中提道：一个大学生应该对人类知识文化有相当程度的了解，对自己民族的文化有一基本的欣赏与把握，同时，他应该养成一种独立思考、判断的能力，一种对真理、对善、对美等价值执着的心态。大学生的全面发展，显然不能单单通过基础教育来实现，文化水平的提升并不意味着修养的提升，社会环境的复杂性往往对一直以学子精英自居的大学生产生莫大的影响，固执甚至偏执的个性使得他们不在乎选择的正确与否，而只是执意地坚持下去，对于此，单纯的惩罚手段会让他们更加叛逆，故而文明修身教育的重要性就凸显出来，不仅仅因为文明修身本身就是大学生全面发展的一部分，同时文明修身教育的方式恰恰能够代替惩罚来发挥更好的效果。

有学者曾经用"五强五弱"来概括当代大学生的思想特点。即：一是时代感强，责任意识弱；二是认同感强，践行能力弱；三是参与意识强，辨别意识弱；四是主体意识强，集体观念弱；五是个性特征强，承受能力弱。当代大学生可以说是中国改革开放受益最明显的一代人。90年代中国开启经济高速发展的新时代，奋斗在20世纪90年代的成年人可以说经历了坎坷创业，面对自己曾经的苦难磨砺，很多人在对子女的培养中重视物质条件的给予，提供给孩子最好的生活条件，但是同时却忽略了与子女的沟通，忽略了个人品德的培养。90后大学生多为独生子女，对于家庭、父母的依赖性很强，思维活跃，实践能力却很薄弱；性格外向，却缺乏与人相处的能力。因此，对于当代的大学生，要加强文明修身教育，弥补其不足，发挥其优势，培养出更符合社会所需要的全面发展的大学生。

首先，文明修身主题教育是对大学生素质的一个提升，能提高大学生的独立判断能力。随着现代科技的发展与新传播手段的运用，信息传播速度变得越来越快，人的生活世界里出现了信息的大吞大吐，呈现出一种网络世界的符号化和形成化发展趋势，文化发展变得快餐化、世俗化、感觉化、形式化，人们来不及思考便接受了这种外在的引导，慢慢丧失了个体判断能力，判断否定的能力逐渐弱化，这很容易成为文化入侵的漏洞。文明修身教育主要通过内在的道德准则和自我约束的行为，来追求现实生活中的"生命意义大学生的独立思考能力是大学生高素质的一个体现，然而这也正是现在大学生所欠缺的地方，事不关己则避而远之，例如在行使自己作为一个社会公民的选举权与被选举权中，主观认为与自己不相关，往往草草了事，缺乏责任感，根本没有发挥大学生群体的优势作用。高校文明修身教育重点即在于让大学生形成独立思考的能力，自觉摒弃不良信息，对与自己社会角色相对应的社会责任与义务要认真对待与思考，真正发挥自己对社会的积极作用。

其次，文明修身可以促使大学生构建健康的精神家园。大学生是一个高智商的群体，对于新思想的接受能力普遍偏高，甚至可以接受一些极端的思想，因此建立一个健康的精神家园对于大学生全面发展是一个重要的保障。例如司法系统中，可能由于利用法律的漏洞，个别司法人员的不公而产生某些对社会弱势群体不公的案件，一经报道之后，可能会使得某些大学生产生对政府失望、抵触、憎恨的情绪，而此时往往会成为别有用心的人或势力所利用的工具，导致不可挽回的后果。大学生需要构建健康的精神家园，理性地认识、对待社会中发生的各种事情，不能仅仅浮于表面，要透过现象看本质，追求从根本上解决问题。

第三，文明修身教育可以帮助大学生学会合理处理与他人、与社会的关系。大学生是一个特殊群体，但是不能脱离作为社会成员的本质，作为社会的一部分，学会与他人相处、明确对社会的责任与义务将是大学生全面发展的必修课程。大学生群体有其共性，但处在成长过程中的青年大学生因为心理特征、社会履历、生长环境、家庭背景的差异等原因，而呈现出明显的个性差异。大学生文明修身教育要求大学生在处理人际关系时，要充分考虑他人、社会与集体的利益，把个人的发展根植于社会现实，降低自我的不合理或不现实的欲望或需求.在自我教育、自我管理、自我发展中协调与他人的矛盾，探求适应社会和谐的生活方式.增强社会责任感和遵守公共生活规范的自觉性。

第四，文明修身教育是充分发挥大学生在实现中华民族伟大复兴中积极作用的必然要求。文明修身教育必然与政治导向相切合，中华民族伟大复兴道路的开辟符合每一个中国人的利益，在其中，个人要以民族利益为重。大学生作为国之栋梁，要对中华民族伟大复兴有一个更深入、全面的了解，做好思想上的准备，同时在现实生活中全面提升自己，加强爱国、守法、明理、诚信、团结、友善、勤俭、自强、敬业、奉献等基本道德规范的培养，形成良好的政治素质、思想素质以及道德品质.在中华民族伟大复兴道路上.充分发挥自身的积极推动作用。

高校不是独立的存在，而是社会的组成部分，高校文明修身教育也不是独立的事业，它需要社会的评判与监督，进而为社会所接纳，因此高校文明修身教育要主动、及时地与社会相联系。高校文明修身教育工作成果要寻求多种途径推广，包括报纸、电视媒体的报道，网页宣传，高校社会实践活动等等，推广中要注重实效与成果，而不是单纯地列举所获荣誉，让社会了解高校文明修身教育的出发点与意义所在、所做出的努力、大学生在其中的收获与改变、高校文明修身教育对于社会和谐的重要性、自身存在的不足等等•从而主动接受修身教育的理念，进而完成高校文明修身教育向社会普及的转变，达到全民文明修身的目的。高校文明修身教育是一个起点，这个起点要做好、做强、做精、做到有吸引力和感染力，要向全民文明修身去努力，真正达到引领社会文化进步的效果。

（三）高校文明修身教育的基本途径

文明修身体现在日常社会生活的方方面面、点滴细节之中，因此应当通过多种教育途径，使"文明修身"得以潜化和固化在大学生的思想观念和情感态度中。

高校文明修身教育需要遵循青年教育学的基本原则，结合社会实际和学生实际，有针对性地采取具体有效的措施，以真正达到预期的强化教育目标。

高校进行文明修身教育工作，绝不是一时的活动，或者条幅、口号就可以产生效果的，它需要建立有效的工作机制，从上到下、由内而外，在有效的工作机制作用下，形成文明修身教育的氛围，建立包括制定文明修身行为细则、有效引导机制、细节指导机制、从上到下的以身作则机制、由内而外的模范机制、奖罚机制等。

1.制定文明修身行为细则

框架机制往往成为一种口号，因此在推动文明修身工作的过程中，要制定详细而非冗繁的细则，同时细则中需要体现客观的原则，文明修身不是在塑造圣人，不是要委曲求全，它应该符合社会主义核心价值观以及市场经济的要求，同时又不违背伦理道德，从人与人之间建立隐性契约的角度，实现"带来社会的和谐发展"。

2.有效引导机制

高校大学生目前存在的一个重大问题是：多数大学生来自独生子女家庭，因此在独立思考问题方面容易陷入片面性，偏执地执行自己已形成的价值观，因此建立有效引导机制将至关重要。

3.细节指导机制

细节是一件事情中最不起眼的地方.但往往是决定成败的关键。现实校园环境中，因为细节原因而出现的不文明现象也屡见不鲜：因为即将上学迟到而飞奔的同学无意撞到行人后飞驰而过：因为觉得课堂枯燥而蒙头大睡却不顾忌老师的辛勤付出。这些行为的出现往往在于大学生缺乏对于细节的认识，因此必须加强细节指导，教育大学生从细节出发，认识自我。

4.从上到下的以身作则机制

校园文明修身教育需要形成完整的环境氛围，在这其中需要的是高校教师以及管理人员的以身作则。高校被称为是社会的缩影，这是因为高校生活是大学生真正踏入社会之前第一次长时间的主要以自己的能力来看待问题、解决问题，校园文化、师长在日常生活中的文明表现等，对于大学生都有相当大的教育作用，因此要加强高校教师队伍建设，做好从上到下的以身作则机制。

5.由内而外的模范机制

高校生活存在教师与学生的差别，学生之间有专业的差别、年级的差别等等，往往低年级的学生或者不同专业的学生会不经意地对高年级的或认可的行为产生模仿欲望，而且这种模仿欲望是一种普遍的存在，因此要培养好模范典型，让这种模仿机制充分地发挥积极作用。同时在培养模范典型的时候要注意，模范树立要客观真实，而不是虚无的脱离实在的存在。

6.奖罚机制

对文明修身教育的积极性引导存在一种理想化的缺陷，因此在具体实施中要加入奖罚机制进行强制管理。学校评奖评优细则中要突出文明修身的重要地位，并不单单的仅仅是爱党爱国等，更应该加入道德评审，多方面征求其任课教师、辅导员老师以及班级同学的意见，并且在最终形成书面意见反馈给相关同学，作为其自我认识的参考资料，客观审视自己，科学提升自己。对于违反文明修身具体细则的同学，视具体情况进行惩罚教育，过程中要注意遵循文明修身原则，不要起到相反的作用。

四、高校文明修身教育的主要措施

1.加强文明修身的课堂教育

大学是一个充满文化韵味的大环境，而课堂则是传道授业的直接场所，师长的授业是专业文化知识的传播，更是文明修身的温室。加强文明修身的课堂教育，是教育工作的科学化体现，也是对知识传播的补充与优化.文明修身工作的开展，将对课堂教学有着不可低估的推动作用。

设立专门的文明修身教育课程体系，以系统的理论要求和具体的实施细则来给予大学生以理论教育，并加以非客观题考试形式的人性化考核。现在大学课程中存在多门思想政治教育公共课，比如时势与政策、思想道德修养、邓小平理论等等，这些课程往往以历史为背景，以考试为目的，学生往往只注意重点考试范围的记忆，而不加以任何的思考，只求可以顺利地通过考试，因此就大大地削弱了这些课程开设的意义。故而在课程设置上以及考核方式中应该进行改革创新，课程应该在遵循社会主义核心价值观基础上摆脱教条主义，引入生动的事例，尤其注重对于即时模范典型或者不文明现象的讨论，让大学生可以对文明修身主题有一个认真的思考，同时在考核方式上也不应该以划重点、客观题考试为主要形式，而应该有更多的主观思考题，培养大学生的内省意识。

加强教师队伍建设，提升教师自身文明修身，同时提高教师对于文明修身的认识度。师者，所以传道授业解惑也，在现实学校教育中，多数教师往往重视对于文化理论的传授.只要学生不影响其正常授课即可.对很多的不文明行为视而不见，比如上课睡觉、手机上网等等，授课老师往往不加以干涉，长此以往就形成了一种恶性循环：教师不满学生上课的不文明行为，而又不采取有效制止措施，只会影响其上课情绪，严重削弱上课效率；学生认为上课本该如此，在不尊重老师工作成果的情况下，更加地偏离文明修身轨道。

2.开展文明修身主题校园文化活动

"高校校园文化是新时期对大学生进行思想政治教育的一个重要途径和有效载体。一方面，高校校园文化建设适应了新时期大学生关注时代和社会，不断提高文化水平的要求；另一方面，大学生思想政治教育工作又必须根植于校园文化活动中，思想政治教育工作的内容可以通过校园文化建设中的各种文化艺术行为或公益活动得以体现，因而校园文化在对大学生进行思想政治教育方面，显示出越来越重要的作用"。大学文明修身的主体是所有大学成员，包括教师与学生以及其他校园工作人员，高校文明修身教育在开展过程中要注意主体性、系统性以及实效性，将文明修身教育引入校园的每一个角落，同时要认清文明修身教育的主体，让所有高校成员从意识上到实践中自发地参与到校园文明修身教育中来，真正地形成文明修身主题校园文化。

首先，学期初"搭好舞台"，明确本学期文明修身教育的主题。学校管理层在文明修身主题教育中既是参与者.同时更重要的是承担把握时代脉搏以及对文明修身教育工作进行指导的重任，因此确定一个明确的主题事关一个学期文明修身教育活动开展的成败。文明修身主题的制定要切合国家政策以及时势，既要有积极的推动意义，同时也要富有吸引力、参与性，让参与主体唱好"整体大戏"。

其次，围绕文明修身主题.周期性地以当下发生的关于文明或者不文明现象的事件为主题，开展校园范围的辩论，通过辩论拓展大学生关于文明修身的思维，以及对自身的反省，加强对于文明修身的思考，而不再只是把文明修身主题当作一个口号。"校园文化不仅仅是作为一种背景陪衬于学校教育教学活动中，相反，学校全部教育教学活动也是校园文化的一部分。校园文化建设的根本意义在于，创设一种积极的物质、精神氛围，启迪、规范、引导和提升师生员工对美好人格的追求。"

再次，着力打造有影响力的小品或舞台剧。通过推出有特色的文明修身主题舞台剧或小品，让此类艺术形式成为大学校园的经典，让"台词"来取代"正式的批评"，让教育变得更加切合大学生特色，能够让大学生更容易接受、更愿意去接受，以达到以此为傲的目的。

最后，定期开展批评与自我批评的总结性活动，着力培养大学生独立思考能力与责任感。大学生不是不会思考，而是缺乏独立思考的能力，从众心理使得很多大学生遵循常规，对于不文明现象常常是毫不在意、得过且过，或者是感觉到不文明，但是别人没表示，自己也不应该小题大做等等，这种心理严重影响高校文明修身活动的开展。改变大学生的思维方式，形成文明修身责任感，才能推动高校文明修身教育的开展。

五千年的中华文明中闪现着文明修身的光芒，传统道德与现代文明相结合孕育了无数的道德典范，正如马克思主义理论中所强调的物质是基础一样，我们的时代有着极大的物质冲动.然而物质决定意识，意识同样反作用于物质，如果对于物质的冲动是一种本能，那么正是因为意识的高度才能显示人类的伟大之处。时代对于物质的过度追求使得我们呼唤文明修身，高校作为文化的前沿阵地应该主动承担起这个时代的重任，高校教育中需要融合文明修身教育，发挥高校的正能量扩散作用。做好高校文明修身教育工作，是中华民族伟大复兴道路上必不可少的部分，同时也是实现中华民族伟大复兴的重要推动力与保障。

第四节　网络时代大学创新创业教育面临的挑战

网络技术的日益广泛深刻地影响着人们的生活，网络的发展正在对大学素质教育理念产生重大影响，给素质教育带来前所未有的挑战。这主要表现在网络突破了大学素质教育的地域、资源与意识形态的局限，挑战素质教育课程教师的权威和课程内容，网络技术在素质教育中的运用促使人们重新反思素质教育活动的本质。同时，网络的飞速发展以及在教育领域中的运用，开辟了素质教育的可能空间，为大学实施文化素质教育提供了新的途径。

当今社会的教育观念正面临着网络时代的严峻考验。人类正步入网络时代，网络技术在教育中的运用，正在动摇形成于工业文明时代的教育思想与观念，也为大学文化素质教育提供了新的技术基础。教育领域正在发生的革命性变化预示着一个全新教育时代的来临。

网络时代的来临之所以会对当前高校教育带来强大的冲击，是因为互联网所营造的虚拟世界，正在真实、迅速、深刻地改变着人类生活和学习的方式，并从一个全新的角度对未来的人才素质及高校人才培养模式提出了许多以前人们所没有考虑到或没注意到的要求和问题，有的学者甚至认为，互联网的出现.使我们将面对从工业革命时代以来第一次震撼全世界的教育革命。对此，哥伦比亚大学学习技术研究所所长罗伯特·麦克林托克教授在其专著《教育的未来》中也指出，现代信息技术正在编织一个覆盖全球的教育网络，而一场静悄悄的、意义深远的教育改革正在席卷全世界。

一、网络给大学素质教育理念带来的挑战

网络技术具有开发性、交互性与共享性的特点，它在教育领域的应用不仅打破了教育封闭发展的传统模式，加快了教育信息的交流，实现了信息资源的共享，为大学创新创业教育创设了一种新的教育环境。大学素质教育需要媒介来承载传播的过程，而网络这一传播媒介的革命性变化也会导致素质教育的变革，影响其理念以及实践的过程。网络不仅仅给大学生素质教育提供了一个空间.更重要的影

响在于网络拓展了教育的时空、体制和内容，使大学生享有更多的教育渠道、思想与内容，网络将成为革新当前素质教育模式的重要推动力。

1.网络突破了大学创新教育的地域、资源与意识形态的局限

在网络出现以前，高校素质教育的模式主要是以课堂讲授为主，以教师为中心。纵观各个高校，网络和信息技术的发展，将在一定程度上突破教育的地域、资源和意识形态空间，使得素质教育超越空间的局限和文化的隔膜。网络的特征就是信息资源的丰富。信息资源的无损使用、无损分享、自由流动，网络技术的跨时空性，带来了时间的收缩和空间的扩展，打破了面对面授课的局限，拓展了学校的范围和教育时空。大学生在网络上可以选择全球高校最优秀的和自己喜欢的网络课程进行学习。例如目前学生们热衷于在新浪公开课、网易公开课中观看哈佛、耶鲁、斯坦福等各大高校的顶级网络课程，网络课程的全球化意味着教育将更多地失去国家的界限，突破了地域的限制。网络的开放性，也使得大学生有更多的机会和渠道接触到不同文化的交流碰撞，看到外面的世界，看到一个多元化的世界，从而突破了目前素质教育实施过程中的制度约束与意识形态约束。在网络空间中，教育成为一项大学生的独立活动。教育活动也更具有自主性，更加适应个体发展的需要。

2.网络挑战创新创业课程教师权威和课程内容

大学创新创业教育课程建设在各高校的科目设置多样化、课程管理的常规化已逐年成为创新创业教育体系的共性特征。在这种模式之下，素质教育的教师也在无形中成为文化和知识的控制者和代言人，学生成为被动的受众.教师与学生通过制度化机制建立起师生关系。

在教育活动中，教师的权威也导致了素质教育知识的单向灌输和不平等的师生关系。素质教育授课过程也成为复制知识的机器，缺乏创新精神和人性化的内涵，课程也因制度化的安排不容置疑和批判。

3.网络的出现、知识传播的革命，冲击了教师的制度化权威和法定课程

网络带来了一个广阔和自由的知识、信息和文化空间，创造了知识和学问来源多样化的文化环境，为学生自主选择和学习课程提供了条件。面对网络呈现的文本，学生可以自主接触、使用和分享知识与文化，可以按照自己的方式去认识、理解和接受。在这种情况下，教师再也无法实现对知识和文化的法定控制。笔者在教授素质教育课程"沟通与交流"的过程中，学生们往往会提出一些与教材、与教师观点截然相反的观点，并且学生们通过网络搜索获得大量的信息来支撑他们的观点。网络时代的教师不可能再像过去那样，被看作是知识、信息和文化的唯一拥有者和权威解释者，因为网络中信息的极大丰富和易得，学生们可以自主学习知识.课程也因此从"法定化"走向"多样化"；教师由教育活动的控制者成

为教育与学习的参与者，他主要不是讲授知识，而是帮助学生去发展、组织和管理知识，引导学生而非塑造学生。

4.网络技术在素质教育中的运用促使人们重新反思素质教育活动的本质

时代发展到今日，我们谈到"素质教育"，其概念的内涵和外延其实都已经发生了变化。假若以前提出"素质教育"是为了针对"应试教育"，而今日素质教育从根本上来讲是为了更好地培养人的素质，适应社会发展。因此.素质教育本质上是崇尚"以人为本"的核心文化。离开这个核心，只会让素质教育走入歧途。文化素质教育，从学校的角度来讲，教会学生做人是教育最基本最重要的任务，也是文化素质教育最根本的目标。而以课堂为中心的素质教育模式也无法逃离知识中心、教师中心、忽略学生主体性、忽略日常生活的弊端。教育成为科学知识的搬运工，日益远离人、远离生活的道路，教学日益成为教授技术和工艺。而网络文化则彻底冲击了教育的理念基石。笔者在讲授素质教育课程"沟通与交流"的过程中，在讲授所谓的技巧和艺术的时候，学生们并不太感兴趣知识本身，而当笔者运用网络流行语、网络段子来讲述相关知识点时，却引起学生极大的兴趣.这无疑说明了网络已成为学生们日常生活的一部分，网络也无形中影响学生们的学习和教育。

美国著名未来学家、麻省理工学院教授尼葛洛庞蒂认为："技术最大的冲击就是改变了人们对教育的看法。"在中国，教育思想也发生着极大的改变："教育来自学习，而不是讲授。世界上最好的老师不是知识库，而是有经验的领航员，他们引着年轻的头脑去发现和理解。"在我们的社会中，有学习障碍的学生可能远没有我们想象的那么多，倒是有障碍的教学环境很多。网络则为大学生提供了自由的教学环境，改变了他们认识世界、知识和生活的方式，这就是网络存在的意义。如果我们素质教育的目的在于提高大学生的人文素养，那么实质上教育的实施过程不仅仅需要在课堂环境中，更需要有一种文化氛围和文化环境，可供大学生进行开放的、共享的学习，自由地把握和驾驭学习进程。

二、网络冲击大学生的思想，给大学生素质教育带来了负面影响

网络的自由和开放给素质教育带来正面影响的同时，也带来了负面影响。网络匿名的特点使得网络信息来源无法确定.各种庞杂的信息都在网络中呈现，这给我们传统文化教育带来了相当大的冲击。网络不良信息的传播具有大量、快速、隐蔽等特点。给思想政治工作带来了极大的挑战；网络中的黄色信息庞杂，对传统道德规范也形成巨大冲击。例如网络诈骗、网络谣言、网络恋情等问题，都对高校的素质教育产生较大的负面影响。因此，如何正确引导学生控制自己的自由意识、体现自己的道德责任感，以及提升自己的网络信息鉴别能力，也是未来大

学生素质教育中急需考虑的问题。

三、网络在教育中的运用开辟了素质教育的可能空间

不可否认，在目前现行的素质教育体系中实施了有意义的素质教育。但从教育的发展历程来看，教育的过程总是不免用一种总体性到社会观念来压制个人。素质教育的课程体系往往是社会的共性要求的，内涵也往往是社会的要求为参考系或衡量标准.但人才是素质教育活动的目的主体和实践主体。教育如果服从于一种社会控制和外在诱惑，也就很难成为真正的教育，人也就很难真正地得到自由而全面的发展。网络在素质教育中的运用为实施素质教育开辟了可能空间。

1.促使人们重新反思什么是"素质教育"本身

信息技术在教育中的运用，直接结果就是对目前制度化、体制化的教育的冲击与挑战。有可能促使人们从人的角度、社会共性的角度来理解教育‰进而实施教育，从而使教育真正成为人的教育。如前所述.网络的出现使教育的理念发生巨大变化，对教育制度权威，包括知识权威、教师权威、法定文化权威、制度化的师生关系都发起了挑战，最终可能使教育实现人的全面发展。网络目前仅仅作为一种新的教育工具和文化传播媒介，只是一种技术手段，使人们往往低估了它对教育思想的革命性意义。网络所导致的新的教育形式的出现，会促使我们重新审视和批判当前素质教育观念、思想理论。

2.推动由"讲坛传授"逐渐拓展为"开放延伸"式教学模式

文化素质教育课程在各个高校普遍课时安排较少，在有限的课时内要顾及知识传播的信息量，又是通过一定的教学活动来深化理性认知，强化心灵感悟，教学时间和教学任务存在一定的矛盾。而网络的出现使素质教育可以从课堂内延伸到课堂外，网络教育可以为师生虚拟一个平等和宽松的交往环境。师生在网络中可以没有地位、身份、职位、年龄和学识的差别·可以畅所欲言、各抒己见。在这种真诚的、轻松的师生沟通中，学生才能成为教育实践活动的主体。

另外，在传统的教育背景下，人文素质课多为百人以上的大课，很难组织讨论。而通过网络的渠道，将素质教育课程由课堂与网络课堂相衔接，通过资源上传、网络答疑等对话形式，充分调动学生的学习积极性。通过网络这个媒介，切实将学生当作教育的主体，与学生进行心灵的对话，而不仅仅是接受知识的容器。

3.引导大学生提升网络媒介素养能力

网络对教育的影响是一把双刃剑，它推动了教育思想、模式的正面变迁，但也不可避免地存在一定的负面效应。网络中的信息传播速度、规模以及影响远远超越以往的媒体.大学生在网络使用过程中享受了极大的方便，也容易陷入良莠难辨的信息包围中，影响了人们对有价值信息的检索和理解。正如英国牛津大学校

长 C•鲁卡斯所说的"网络把个人从大学和大学有结构的知识传递信息中解放出来。现在个人可以直接接触大量的信息，其特点是个人自己选择信息，把信息放在一起并给它以意义。当然.网络也有可能成为传播知识、错误和谎言的工具"。目前，一些发达国家正是利用自己在网络开发方面的优势，在加强网络文化交流的名义下把自己的意识形态、价值取向和政治理念强加于他人，进行"文化侵略"。从这个角度看，大学生需在网络时代具备良好的网络媒介素养，包括信息辨认过滤能力、信息理解能力及信息处理能力等，这对于网络时代的大学生素质教育至关重要。

参考文献

[1] 李永山，陆克斌，卞振平著.大学生创新创业教育发展与保障研究 [M].北京：中国建材工业出版社.2016.

[2] 中国学位与研究生教育学会工科工作委员会，哈尔滨工业大学，清华大学主编.工科研究生教育创新与改革探索 [M].哈尔滨：哈尔滨工业大学出版社.2015.

[3] 对外经济贸易大学教务处编.创新与实践 本科人才培养与教育教学改革论文集 2015 [M].北京：对外经济贸易大学出版社.2015.

[4] 郭清娥著.大学生创业概要 [M].北京：中国工商出版社.2013.

[5] 张晓辉，夏泉.暨南大学史 1906-2016 [M].广州：暨南大学出版社.2016.

[6] 于静荣主编.大学生就业创业指导 [M].北京：北京交通大学出版社.2012.

[7] 文君主编.求索创客 对外经济贸易大学校友创业案例集 [M].北京：对外经济贸易大学出版社.2015.

[8] 马继刚主编.学术型大学图书馆的建设与发展 [M].成都：四川大学出版社.2016.

[9] 共青团上海市委员会研究室主编.引领 服务 改革创新 2014上海青年工作课题调研集 [M].上海：上海交通大学出版社.2015.

[10] 佟强，于洪冰主编.创业 创新 [M].北京：煤炭工业出版社.2003.

[11] 刘涵之主编.创新教育实施指南 [M].北京：华龄出版社.1999.

[12] 杨德广主编.自主创新，锐意进取：高等学校改革与发展回顾 [M].上海：华东理工大学出版社.2008.

[13] 施洪甲，李国疆主编.以优良作风推动改革发展 [M].昆明：云南人民

出版社.2014.

[14] 刘长敏编.甲子华章 中国政法大学校史 1952-2012［M］.北京：中国政法大学出版社.2012.

[15] 刘海，李洋修，王福安主编.大学研究［M］.济南：山东大学出版社.2008.

[16] 程方平主编.探索21世纪中国教育创新之路 高等教育卷［M］.天津：天津科学技术出版社.2008.

[17] 谷晓红主编.医学生人文素质教育初探［M］.北京：中国中医药出版社.2015.

[18] 卞科主编.教育教学改革与发展研究［M］.合肥：安徽大学出版社.2008.

[19] 侯元，朱宝贵主编；《华北高职教育教学改革研究》编委会编.华北高职教育教学改革研究［M］.北京：地震出版社.2002.

[20] 广东省教育厅编.广东教育年鉴 2013［M］.广州：中山大学出版社.2014.

[21] 徐金强主编.从行政组织到经济组织 高校后勤改革的"浙大模式"探究［M］.杭州：浙江大学出版社.2014.

[22] 刘明初主编.萍乡学院教育教学论文集［M］.南昌：江西高校出版社.2013.

[23] 高宏华主编.改革理论与实践 第3卷［M］.北京：社会科学文献出版社.1997.

[24] 教育部思想政治工作司组编.加强和改进大学生思想政治教育重要文献选编 1978-2014［M］.北京：知识产权出版社.2015.

[25] 杨更社主编.西安科技大学校史 1958-2008［M］.西安：陕西人民出版社.2008.

[26] 高培华主编.河南教育年鉴 2009［M］.郑州：大象出版社.2009.

[27] 徐州市教育局编.徐州教育年鉴 2009［M］.北京：方志出版社.2009.

[28] 北京市教育委员会编.北京教育年鉴 2009［M］.北京：华艺出版社.2009.

[29] 北京市教育委员会编.北京教育年鉴 2008［M］.北京：开明出版社.2008.

[30] 张志君著.教育界的"焦点访谈" 张志君教育传媒评论文集［M］.北京：中央广播电视大学出版社.2011.

[31] 朱志伟主编.哈尔滨工程大学优秀教学成果汇编 1995-2005［M］.哈尔滨：哈尔滨工程大学出版社.2006.